해방공간과 합세덕

김동권

충남 당진출생
건국대학교 문과대학 국어국문학과 졸업
동 대학원 졸업(문학박사)
현재 용인예술과학대학교 연기예술과 교수

주요경력 사항은 영인문학관 이사, 한국거리예술센타 이사,
남북함께살기운동 이사 등 연관된 문화 사회활동을 하고 있다.

저서

한국현대문학자료총서 (전12권, 편저, 거름출판사)
한국현대희곡작품집 (전5권, 편저, 서광학술자료사)
근대희곡 정착과정 연구(태학사)
해방공간 희곡연구(도서출판 월인)
송영과 채만식 희곡연구(박이정)
아리랑 연구와 일제 강점기 공연작품 연보(박이정)

해방공간과 함세덕
....

초판 인쇄 2025년 4월 15일
초판 발행 2025년 4월 25일

저자 김동권 ▌ **펴낸이** 박찬익 ▌ **편집장** 권효진 ▌ **편집디자인** 정봉선 이수빈
펴낸곳 ㈜ **박이정** ▌ **주소** 경기도 하남시 조정대로45 미사센텀비즈 8층 827호
전화 031) 792-1195 ▌ **팩스** 02) 928-4683 ▌ **홈페이지** www.pijbook.com
이메일 pijbook@naver.com ▌ **등록** 2014년 8월 22일 제2020-000029호

ISBN 979-11-5848-991-5 (93680)

* 책값은 뒤표지에 있습니다.

해방공간과
함세덕

김동권 지음

박이정

근대 연극사와 희곡사에서 문제적 인물을 지적한다면 단연 함세덕이라고 할 수가 있다.

함세덕의 경우 인천에서 상업고등학교를 졸업한 후 작가의 길을 걷기 위해 '일한서점'에 취업한다. 그리고 작가가 활동을 시작한 1930년대 후반은 이전과는 달리 이 땅에 대중적인 연극과 극예술연구회 중심의 신극운동이 새로운 전기를 맞아 활발하게 전개되던 때이다. 그리고 이어서 40년대 일제에 의한 국민연극 시대와 1945년의 8.15 해방이라는 새로운 시대적 상황을 맞이하게 된다. 이러한 시대적 상황의 변화는 작가의 작품세계에도 많은 영향을 준다.

그래서 함세덕에 대한 기존 연구를 살펴보면 몇 가지 쟁점에 해당하는 것을 찾아 볼 수가 있다.

먼저 외국 작품과 작가와의 영향관계이다. 「산허구리」, 「무의도기행」, 「해연」, 「추석」, 「에밀레종」 등의 작품과 싱그의 「바다로 가는 기사들」, 마르셀 빠뇰의 「마리우스와 화니」, 머레이의 「장남의 권리」, 다니자끼 준이찌로의 「춘금초」와의 영향관계에 대한 문제이다.

이것은 작가가 외국 작가에게 개인적인 사사를 받은 것인지 여부와 함께 이들과의 영향관계가 어떠한 형태로 나타나는가, 그리고 모작의 형식을 지니고 있는 것이 아닌가하는 쟁점을 일으킬 수 있다. 그렇기 때문에 보다 구체성을 띤 내용 대조를 통한 연구가 요청된다.

　다음은 함세덕이 자신의 작품을 지속적으로 개작했다는 점이다. 그리고 개작의 양상이 기존에 발표한 작품을 책으로 엮는 과정에서 나타나는 내용 보완이나 공연을 위한 내용 수정 형태를 비롯해서 내용 자체를 바꾸고 구성 자체가 달라지는 등 다양한 모습을 지니고 있다. 오히려 개작을 빙자한 새로운 창작의 형태로까지 나타나고 있다.

　함세덕은 당대에 드라마트루기가 가장 탁월한 작가로, 1945년 8월 해방 직후 최초로 한글로 쓴 작품 「산적」을 1948년 11월에 공연해서 공전의 히트를 할 정도로 탁월한 작가이다. 「산적」은 독일 작가 쉴러의 초기작인 「군도」라는 작품을 모델로 하여 모티브와 스토리를 차용하여 쓴 작품으로 유사성이 있으나 다른 작품의 형태라고 볼 수가 있다. 때문에 과연 이 작품을 어떻게 보고 해석해야 하는가 역시 하나의 문제라고 본다.

　또한 이러한 작가의 드라마트루기 실력을 여실히 보여주는 것은 일제 강점기에 자신이 쓴 친일극 「거리는 쾌청한 가을 날씨」를 「고목」이라는 해방공간에 적합한 형태로 개작한 것을 보아서도 알 수 있다. 단막극을 개작하여 장막극으로 바꾸고, 친일이라는 내용을 해방공간의 상황으로 바꿔서 새롭게 이야기하는 것을 보면 작가가 얼마나 극작술에 능수능란한지가 나타난다.

그리고「당대 놀부전」을 통해서 볼 수 있는 기존의 함세덕 연구의 문제점이 무엇인지와 방향성을 보고자 했고, 마지막으로 미발굴 작품인「산적」에 대한 종합적인 연구를 담아서 해방공간에서의 함세덕에 대한 총체적인 모습을 담아보고자 했다.

마지막에 미발표된 작품「산적」을 실었다.「산적」은 해방공간에 있어서 의미가 남다른 작품이다. 먼저 해방 직후 가장 먼저 공연된 작품이라는 것이다. 다음은 해방 후 최초의 한글로 쓰인 작품이다. 그리고 쉴러의「군도」를 모델로 한 작품이라는 점이다. 여러 가지 해방공간의 복합적인 의미를 지니고 있는 작품인 것이다.

「산적」은 함세덕 연구상의 문제점을 총체적으로 지니고 있는 작품이라고 볼 수 있다. 이런 점에서 보다 중요한 작품이라고 볼 수가 있다.

이 원고는 아단문화재단이 지니고 있는 것으로 과거 故 백순재님이 지니고 있던 것이다.

귀한 원고를 보여주신 아단문화재단에 감사 인사 드립니다.

2025. 3.

김동권

차 례

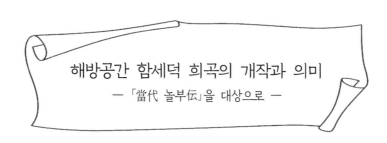

해방공간 함세덕 희곡의 개작과 의미
─「當代 놀부伝」을 대상으로 ─

1. 함세덕 희곡의 특성

작가는 누구나 자신이 창작한 작품의 형상성을 높이기 위하여 지속적인 노력을 기울인다. 한 편의 좋은 작품을 창작하기 위한 염원은 누구나 지니고 있는 바램이다. 이러한 측면에서 남다른 모습을 보여주는 작가가 함세덕이다.

함세덕은 자신이 만든 작품을 지속적으로 손질한다. 그 손질의 형태는 주로 희곡 작품을 무대에 형상화하는 데 적합하게 만드는 과정과 당대의 정치사회적인 실정에 맞게 하는 데 있다. 이는 그의 작품집 「동승」에 실린 작품과 초기작품과의 판본 대조와 「고목」, 「에밀레종」 등의 작품상의 개작을 통해서 쉽게 찾아볼 수 있는 바이다.

작품의 개작 형태도 단순한 지문과 대사의 손질에서부터 전체적인 구성과 제목을 바꾸기까지 그 정도가 다양하게 나타나고 있다. 그리고 개작된 작품은 기존의 작품보다 무대화 측면에서 볼 때 형상성 부분이 나아지는 데, 이는 함세덕 자신이 지닌 뛰어난 극작술의 기교에 의한 것으로, 작가가 작품 형상화에 남다른 심혈을 기울인 결과이다.

함세덕의 경우 인천에서 상업고등학교를 졸업한 후 작가의 길을 걷기 위해 '일한서점'에 취업한다. 그리고 작가가 활동을 시작한 1930년대 후반은 이전과는 달리 이 땅에 대중적인 연극과 극예술연구회 중심의 신극운동이 새로운 전기를 맞아 활발하게 전개되던 때이다. 그리고 이어서 40년대 일제에 의한 국민연극시대와 1945년의 8.15 해방이라는 새로운 시대적 상황을 맞이하게 된다. 이러한 시대적 상황의 변화는 작가의 작품세계에도 영향을 준다.

그래서 함세덕에 대한 기존 연구를 살펴보면 몇 가지 쟁점에 해당하는 것을 찾을 수가 있다. 첫째, 외국 작품과 작가와의 영향관계이다.[1] 「산허구리」, 「무의도기행」, 「해연」, 「추석」, 「에밀레종」 등의 작품과 싱그의 「바다로 가는 기사들」, 마르셀 빠뇰의 「마리우스와 화니」, 머레이의 「장남의 권리」, 다니자끼 준이찌로의 「춘금초」와의 영향관계에 대한 문제이다. 이것은 작가가 외국 작가에게 개인적인 사사를 받은 것인지 여부와 함께 이들과의 영향관계가 어떠한 형태로 나타나는가, 그리고 모작의 형식을 지니고 있는 것이 아닌가하는 쟁점을 일으킬 수 있다. 그렇기 때문에 보다 구체성을 띤 내용 대조를 통한 연구가 요청된다.

둘째는 함세덕이 자신의 작품을 지속적으로 개작했다는 점이다.[2] 그리고 개작의 양상이 기존에 발표한 작품을 책으로 엮는 과정에서

---

1 장혜전, 「함세덕의 희곡에 나타난 외국 작품의 영향관계」, 한국극예술 학회편, 『함세덕』, 태학사, 1995. 이 논문에서는 함세덕과 외국 작품의 영향관계를 고찰했다.
2 함세덕 희곡 개작에 대한 것은 박영정, 「함세덕 희곡에서의 개작문제」, 한국연극, 1994.10과 「함세덕 희곡의 개작 양상 연구 1」, 『한국 극예술 연구 6집』, 태학사, 1996 참조하면 개작에 대한 일단을 알 수 있다.

나타나는 내용 보완이나 공연을 위한 내용 수정 형태를 비롯해서 내용 자체를 바꾸고 구성 자체가 달라지는 등 다양한 모습을 지니고 있다. 오히려 개작을 빙자한 새로운 창작의 형태로까지 나타나고 있다.

그리고 1945년 8월을 기점으로 한 해방공간에서의 작품이 함세덕의 작품세계를 논하는 데 있어서 쟁점으로 부각된다. 특히 개작 문제는, 작가의 작품세계를 1945년 8월을 기점으로 전기와 후기로 나눠볼 수 있는데, 이러한 시대적 문제와 연관 지어서 작품세계에 나타나는 개작의 의미와 양상을 살펴볼 필요성이 있다. 1945년 8월 이후의 작품세계는 이전의 세계와는 다른 변별력을 지니는 데, 이는 해방공간이라 지칭되는 역사적 특수성을 지닌 시대 상황의 변화와 함께 살펴보아야 하는 것이다.

이러한 점에서 해방공간이라는 시대적 조류와 밀접한 연관성을 보여주는 작품이 있는 데 그것이 「고목」이다. 후기의 작품 중에 대표작이라 일컬을 수 있는 「고목」은 (『문학』3호, 1947.4) 「거리는 쾌청한 가을날씨」(『국민문학』, 1944.11)를 개작한 것이다. 일제 말기에 일본을 배경으로 전쟁의 참전 독려와 물자 헌납을 조장하는 친일극을 개작하여 정반대 상황으로 만든다. 친일극을 일제의 잔재 제거와 봉건 잔재 제거라는 반대 명제로 변화시켜서 해방 직후, 미군정기 혼란상과 더불어 보여준다. 이러한 작품 개작은 작가가 지닌 극작술과 창작면에서 상상력이 결여되어서는 어렵다고 본다. 그렇다고 해서 작가의 철학적이고, 창작적인 세계관이 있어서 행한 것이라는 점에는 의문을 지니게 한다고 하겠다.

그리고 함세덕 자신이 「동승」후기에 기록한 해방 이후 미군정기 창작활동 방향을 "이 소위 국민연극 속에서 한 가지 얻은 것은 기술이었다. 그것만은 참으로 불행 중의 다행이리라. 나는 이 기술을 토대하야 인민의 한 구석에 서서 앞으로의 새로운 민족 연극을 창조하기에 부심"[3]했다는 사실을 상기한다면, 그 당시에 추구하고자 했던 민족연극 방향과 그 결과물의 하나인 「고목」에 대한 평가문제는 그 작품 자체가 지니는 의미와 함께 되새겨봄 직하다.

　「고목」을 개작한 「當代 놀부전」을 대상으로 8·15 이후 해방공간에 함세덕이 추구한 창작세계에 접근해 보고자 한다. 작가가 희곡 개작을 통해서 보여주는 개작 양상과 의미를 추적하여, 해방공간 당시에 작가가 추구한 이념과 민족연극 방향은 어떠한 것이었는지를 살펴보기로 하겠다.

2. 「거리는 쾌청한 가을날씨」와 「고목」의 상관성

　「거리는 쾌청한 가을날씨」는 일본 동경 외곽 작은 동네를 배경으로 전당포 주인네 마당에서 하루 동안에 일어난 사건을 다룬 1막극이다. 주요 인물은 전당포 주인 만다이 쿠라조, 처 요시, 아들 신이치, 처남인 리사부로 가구점 주인, 그리고 기소의 초부인 기코자에몽과 마을 회장인 아다치 유키모토가 등장한다.

　작품 줄거리는 아들 신이치가 군에 자원 입대 하였다가 신체검사에서 떨어져 되돌아 왔다가 군속으로 전쟁터에 간다는 데서 발생하는

---

3 함세덕, 「동승을 내놓으며」, 노재운 엮음, 『함세덕 전집2』, 지식산업사, 1946, 524~525쪽.

갈등이다. 신이치의 아버지인 만다이 쿠라조가 느티나무 공출 압력에 따른 개인 이익과 국가 이익으로 대표되고, 공적인 것과 사적인 것간에 갈등으로 전개되는 이야기이다. 내용상 갈등의 표상인 느티나무 벌목을 중심으로 이야기가 진행되는데 이를 장면 단위로 살펴보면 다음과 같다.

장면 1 : 리사부로와 요시, 가구점하는 리사부로가 누님인 요시를 만나
　　　　　가구재료난을 호소하고, 마을의 청년단이 근로봉사로 전당포
　　　　　의 전당물을 정리한다.
　　1-1 삽입 장면 : 여자청년 단원이 신문지와 나프탈렌 요청 이들은
　　　　　청년단원 집이기에 봉사함.
장면 2 : 리사부로와 매형 쿠라조, 매형인 쿠라조에게 가구용으로 쓰게
　　　　　느티나무 팔라고 함. 그러나 쿠라조는 할아버님의 유언에 따
　　　　　라 전당포 창고짓겠다고 함.
　　2-1 삽입장면 : 동네아이 등장하여 빈땅에 심은 무 나눠준다함.
장면 3 : 쿠라조와 쓰미코(친부인 기코자에몽의 딸) : 쓰미코가 빈터를
　　　　　일궈 감자,토마토를 심으려하자, 쿠라조 느티나무 뿌리가 손
　　　　　상한다고 못하게 함.
장면 4 : 요시와 쿠라조, 쿠라조가 요시에게 마을 회장이 느티나무 자르
　　　　　자고 교사하고 있다고 주장함.
　　4-1 삽입장면 : 마을회장 유키모토와 단원들 일 끝내고 하산함
장면 5 : 쿠라조와 유키모토, 마을회장인 유키모토가 목재공출운동이
　　　　　시작했으니 느티나무를 해군성에 공출하자고 함. 그러나 개인
　　　　　욕심에 의해 할아버지 유언에 따라 전당포 지어야 함 역설.
장면 6 : 요시과 쿠라조, 쿠라조가 벌목부인 기코자에몽에게 느티나무 벌
　　　　　목을 부탁하기 위해 그가 맡긴 족자를 처분하겠다고 통보했음.

6-1 삽입장면 : 전보배달원 기코자에몽 온다는 전보전달.

장면 7 : 기코자에몽과 쿠라조, 기코자에몽 급히 돌아와서 족자 찾음.

장면 8 : 기코자에몽과 쿠라조, 느티나무를 베어달라는 청에 신성한 황실 산림초부인 자신이 전당포 창고를 짓기 위한 나무를 벨 수 없다고 함.

장면 9 : 쿠라조 다른 벌목꾼 찾으러 감.

9-1 삽입 장면 : 군에 갔던 신이치를 이웃집 아이가 봄.

장면 10 : 신이치 어머니 요시에게 신체검사에서 떨어져 돌아왔음 말함.

장면 11 : 쿠라조와 신이치, 신이치는 군속으로 전쟁에 참여키로 함. 신체검사에서 떨어진 이유는 어려서 철봉대에서 다쳤을 때 아버지인 쿠라조가 돈을 아끼려고 적절한 치료를 하지 않았기 때문임. 쿠라조, 신이치 대신 해군에 나무를 공출하기로 결정

장면 12 : 마을회장 등 모두 모여 나무공출 축하, 벌목부 무료봉사로 느티나무 베어줌.

「거리는 쾌청한 가을날씨」를 장면 단위로 나누어 12장면으로 분할하여 보았다. 희곡 내용을 보면 갈등 상황이 신이치 입대 문제와 느티나무 공출 문제로 나타나는 것이 간단하다. 느티나무 벌목 문제로 표상되어 나타나는 갈등 양상, 즉 느티나무로 전당포 창고를 새로 지으려는 전당포 주인인 쿠라조가 지닌 개인적인 욕심과 공공과 국가 이익을 앞세워 공출해야 한다는 명분 사이에 발생하는 대립이다.

그리고 이러한 여러 가지 형태 주제와 연관된 모티프가 나타나는데, 마을회장과 청년단원들이 보여주는 봉사 모티프, 공터 활용 모티프, 처남 모티프, 벌목꾼 모티프 등을 통해서 이 작품이 단막극으로 단순한

갈등 구도를 지니는 듯하지만 경우에 따라서는 보다 복잡하게 엮을 수 있는 단초를 보여준다. 줄거리가 지시하는 것은 개인 이익보다는 공공과 국가 이익을 우선해야 한다는 내용으로 나무 공출의 당위성을 담고 있다.

이들 내용이 지향하는 것은 일제 식민지 정책에 의한 전쟁 참여의 당위성과 함께 이에 대한 선전·선동, 그리고 전쟁에 필요한 각종 물자 헌납을 유도하고 있다. 때문에 친일극으로서 위상이 뚜렷하다.

그런데 여기에 등장하는 각종 모티프와 '느티나무 벌목'으로 표상되는 갈등 양상이 그대로 「고목」에 원용되어 나타나고 있다. 시대적 상황과 작품 길이만 다르고 나머지 부분은 동일하다. 그리고 「거리는 쾌청한 가을 날씨」를 보면 단막극으로 보기에는 관련 모티프와 나뉘는 장면이 많다는 점에서 단막극에 적합하다기보다는 장막극으로 전환될 수 있는 가능성을 내포하고 있음을 보여준다.

이러한 「고목」에 나타나는 「거리는 쾌청한 가을 날씨」를 원용한 내용과 이들이 보여주는 상관관계, 그리고 그 구체적인 예는 이제 이야기할 「고목」과 「당대 놀부전」의 장면단위 판본과 내용 비교를 통해서 확인할 수 있는 사항이므로 여기에서는 생략하겠다.

다만 여기에 나타나는 상호 연관된 사항 중에 주목할 것은 다음과 같은 내용이다. 먼저 「거리는 쾌청한 가을 날씨」와 「고목」과의 상관관계를 보면, 1막극을 3막극으로, 즉 단막극에서 장막극으로 바뀐 점과 갈등의 표상인 느티나무가 행자나무로 변했다. 그리고 나무벌목이라는 상징적 표상으로 드러나는 갈등 내용은 일본을 위한 전쟁 참여와 물자헌납을 둘러싼 개인 욕심 대 공공성을 지닌 국가 이익이라는 것에서 시대적 상황의 변화로 해방공간의 미군정기 쟁점사항 중에 현안인 친일파 문제와 좌익이라는 이념 대립형태로 바뀌어서 표출되어 있다. 이러한 점에서 두 작품은 시대적 상황에 맞게 변형시켜 놓은 개작임을 알 수 있다. 그리고 두 작품이 구성에 있어서 지닌 기본 골격은 같다. 그러면 「고목」과 「당대 놀부전」에 나타나는 개작 상황을 보기로 하겠다.

3. 「당대 놀부전」 개작 내용

(1) 인물 및 배경 설정

「고목」에 나오는 박거복인 지주와 처, 여학생 딸 수국, 창덕궁 나인이었던 노모, 전재민 처남, 영팔, 영팔의 처, 맹첨지, 벌목부 초국, 딸 진이, 여학교 교장 곽목사, 전군수 윤서곤, 거복 소작인 막봉이, 하동정과 청년 단원 등과 「당대 놀부전」에 나오는 오복과 처, 수연, 노모, 진팔, 진팔의 처, 허첨지, 벌목부, 진이, 곽목사, 윤서곤, 막봉이, 하남철 등은 서로 이름만 다를 뿐 인물의 역할과 기능이 동일하다.

특히 대본에 나타나는 인물 이름이 잘못 표현된 오기가 있음을 볼 때 이는 시간적 여유가 없이 개작에 임했음을 알려준다.

그리고 작품에 나오는 등장인물을 크게 두 부류로 나누어 볼 수 있는 데, 진보와 보수로 단순화 시켜서 대립하게 만들고, 좌익 이념을 추구하는 경우와 기득권 계층인 친일파 잔재들의 대립 구도로 만든 것이다. 그리고 이들 두 작품에 나타나는 등장인물들이 희곡에서 역할과 기능이 같다는 점이 특징이다.

인물 성격과 상황 설정 면에서 보면, 직접 등장하지 않는 「고목」의 오각하와 「당대 놀부전」의 최만익 대감이 다르게 되어있다. 오각하와 최만익 대감은 거복과 오복이 속한 정당 대표로서 청년 단장으로 표상 되는 좌익에 대립되는 우파 보수 계층을 대표하는 인물이다. 이 인물들은 등장하지는 않지만 이야기 중심축에 있다.

「고목」의 오각하는 "36년 동안이나 해외에 계셔서" 고생을 하였으며, 현재는 "그 지긋지긋한 공산당 극렬분자들 때문에 골칠 썩히구 계시는" 중이다. 그리고 오각하가 결혼한 여자가 서양부인이라는 점에서 당시 이승만을 연상시키고 있다. 그는 "허지만 요전 신문 보면 외국을 떠나실 때 이미 조선의 광산권을 일개 외국 상인에게 매각할 것을 약속"하였고, 자신의 "경제 회살 중심으루 불하품들을 알선하구 있으시다는 항간의 낭설"이 있는 인물이다. 이런 해외파로 설정했던 인물을 「당대 놀부전」에서는 친일파로 설정하고 있다.

> 남철 : 오복씬 아까 최남익씨가 해외망명한 애국자라고 하시지만 그건 조국광복을 위해서가 아니라 아편장수와 관동군 어용상인으로 돌아 다녔든 것입니다. 총독부고등 촉탁으루 학병권유자루 실로 대표적 친일파 민족 반역자인 것입니다.
>
> 오복 : 아편장수라구? 고등촉탁이라고? 애국자를 중상해두 유만무득이지 당신을 좌익패 들을 그렇게 밤낮 진정한 애국잘 구렁텅이에다 널랴구하구 있기 때문에 백성들이 모두 뱀같이 싫여하는거요. 일제 시대에 왜놈들이 집을 사준다 자동찰 사준다하고 별별 수단으로 그분을 꼬였으되 실제 귀를 귀울이지 않고 셋방에서 버리죽만 잡주면서 자조를 지키신 분이요. 오직 자주독립만을 위해서

생애를 받쳐오신 분이오. 친일파 민족반역자라니 그런 무엄한
소리가 어데있오?[4]

「당대 놀부전」에서는 인물 설정을 이승만이라는 특정한 해외 망명
객을 지시한 「고목」의 경우와는 다르게 당시에 누구에게나 쉽게 이해
되고 보편성을 지닌 친일파로 바꿈으로써 시대적인 문제점을 이념
문제가 아닌 일제 잔재 청산 문제가 보다 중요한 일임을 부각시키고
있다. 미군정기에 현안 문제 중에 최우선한 과제가 일제 잔재 청산에
있음을 강조하고 있다.

이들 인물들이 등장하는 무대상 공간적 배경은 3대째 내려오는 지주
저택으로 7월 장마철, 어느 날 오후의 텅 빈 무대에서 사건은 시작된다.
그리고 2막은 같은 배경으로 30분 후 상황이고, 3막은 두 시간 후 사건
으로 같은 무대에서 전체 사건이 일어나는 경과가 불과 3시간 안팎이
다. 이는 「고목」과 「당대 놀부전」이 동일하다. 두 작품의 시·공간상
배경이 같다.

(2) 구성과 줄거리

3막으로 구성된 「고목」과 「당대 놀부전」을 장면 단위로 나누어 구
성과 줄거리를 대비해 보기로 하겠다. 구성상 내용을 「당대 놀부전」
중심으로 하여 작품을 장면 단위로 분절하여 살펴보고, 대신 「고목」과
다른 부분은 좀 더 구체적으로 언급하기로 하겠다.

---

4 함세덕, 「당대놀부전」, 김동권 해설, 『한국연극』, 1998.7, 140쪽.

■ 1막

장면 1 : 처남 진팔과 오복처, 좌익 청년단원이 톱 빌려가는 삽입장면 있으며, 진팔 누이에게 행자나무를 삼천원에 팔아서 가구로 만들 수 있게 이야기해 달라함.

장면 2 : 오복과 진팔, 진팔이 행자나무를 팔라는 말에 오복이 할아버지 유언을 들어 안된다 함. 최당수의 방문을 위해 수놓음.

장면 3 : 오복, 여학생 딸과 함께 최당수 환영준비함.

장면 4 : 진이와 오복, 공터를 이용해 농사를 지으려는 진이를 오복이 행자나무 상한다고 못하게 함.

장면 5 : 청년 단장 남철과 오복, 청년 단장 수제의연금 부탁, 현금이 없으면 나무를 달라함. 오복 거절. 「고목」에서는 오각하를 외국상인에 광산권 매각한 인물로 그린 반면 「당대 놀부전」에서는 적산공장을 팔아먹고 불하품 계약위반으로 고소당한 대표적인 친일파, 민족반역자로 설정.

장면 6 : 오복과 막봉이, 소작인 막봉이 지주인 오복과 맞섬. 소작료도 현물로 바치지 않고 잘보이려고 안함. 토지에 대해 무상배분이 있을 것으로 생각함.

장면 7 : 노모와 막봉이, 최당수 환영식장에 감. 허첨지를 통해 '토지문제'에 대해 "농민에 돌려달라"는 구호외치다 청년이 구속됐음을 전언.

이는 「고목」에는 없는 장면으로 전달방법이 창밖에서 일어난 사건을 알려주는 수법을 쓰고 있음.

■ 2막

장면 1 : 정목사와 오복, 행자나무 기부를 확인하러 온 정목사. 수연과 환영회장 가면서 여학생이 하는 야유 들음, 정목사 오복에게 좌익테러 경고.

장면 2 : 초국와 오복, 초국이 등장하여 나무위에 올라가 오복이 환영회
　　　　장을 보며 소리치는 상황을 오복이 미친 것으로 착각. 진이
　　　　등장, 아버지 초국에게 자신이 퇴학당한 사실 알림.

장면 3 : 초국와 오복, 초국에게 행자나무 베어 달라 부탁하나 거절당
　　　　함. 초국 통해 오복이 치부한 과정과 부도덕함 드러남. 토지개
　　　　혁이 이남에도 있을 것임을 시사.

장면 4 : 초국, 맹첨지, 막봉이, 처 등장해서, 최당수가 토지개혁을 돈받
　　　　고 노나준다는 말에 실망했음을 토로. 모두들 이북식 토지개혁
　　　　원함.

장면 5 : 진이와 처, 「고목」에서는 누구든 무조건 뭉치자는 주장이 있으
　　　　나 「당대 놀부전」에서는 일제시대에 산사람은 모두 친일파라
　　　　는 최당수 논리와 모두 뭉치는데 이를 반대하는 좌익은 내쫓자
　　　　고 부추임.

장면 6 : 목수 등장하여 행자나무 베는데 1,200원 달라함, 오복 거절.
　　　　진이와 처 모습보고 환영회장에서 돌아온 것이 진이가 꼬드긴
　　　　탓으로 오해.

장면 7 : 오복과 처, 오복은 자신의 처에게 장래에 정부가 서면 자신이
　　　　군수나 부윤이 될 것이고, 그러면 처남을 취업켜준다고 함.
　　　　삽화로 옥수수 튀기는 사람 등장. 오복의 놀라는 모습을 통해
　　　　희화화시킴.

■ 3막

장면 1 : 오복의 노모, 「고목」에서는 오각하 양국부인이 왕비라는 이유
　　　　로 「당대 놀부전」은 최당수가 일본인 첩을 두었기에 노모 돌아
　　　　옴. 삽입장면으로 곤충채집하는 동리소년 수련 발견.

장면 2 : 수련이 돌아온 이유, 「고목」은 애써 수놓은 보료를 오각하가

구두발로 짓밟았기 때문에, 「당대 놀부전」은 자신의 오빠를 학병에 보낸 친일파였기 때문에 돌아옴. 오복 역원개선에서 재정부장 낙선.

장면 3 : 전군수 윤서곤이 등장하여 오복 낙선을 확인 시켜줌. 행자나무 기부는 자신 부인이 오복 이름으로 대신했음.

장면 4 : 오복은 자신이 재정부장에서 낙선하자 정목사에게 행자나무 기부를 취소한다 통보, 무엇하려고 그러냐고 묻자 마을 청년단원에게 수제의연금으로 기부 예정이라함.

장면 5 : 오복, 남철이 등장하자 환영대회에 실망했음을 토로, 남철 지도자는 혹같은 존재가 되어서는 안됨 역설, 정목사는 오복에게 좌익되면 신세망친다며 퇴장.

장면 6 : 오복이 행자나무 기부한다는 말은 정목사 우롱하려고 농담을 했다고 하자 일구이언하지 말라며, 남철, 처, 노모, 수련, 맹첨지, 초국이 연이어 등장하여 헌납 강요, 오복 궁지에 몰림. 남철 행자나무가 일제잔재, 봉건잔재 상징물임을 강조하며 이를 청산하라고 모두들 강요함.

장면 7 : 처남 진팔 식구들과 등장, 생계가 막막하여 일본으로 돌아가고자 함. 고향의 따뜻함이 없음 토로한 후 떠나자, 처가 오복에게 읍소하여 결국은 행자나무를 처남에게 팔고 돈을 청년단장에게 주라함. 행자나무 베는 소리 울려 퍼짐.

이상의 장면 단위 대비에서 보는 바와 같이 「고목」과 「당대 놀부전」 구성과 줄거리는 인물 설정에서 논급한 오각하라는 해외 망명객 출신으로 서양 여자와 결혼한 인물을 최만익이라는 일본인 첩을 가진 친일파로 만든 이외에는 변화가 없다. 그러나 이러한 단순해 보이는 인물 설정상 변화가 작품 전체 구성에 많은 변화를 가져온다. 이를 보면 다음과 같다.

　1막의 장면 5에서 당시 현안 문제였던 적산공장과 미군정 불하품에 대한 문제 제기가 있다. 그리고 2막에서 친일파에 대한 개념 규정에서 최당수 자신이 친일파이기 때문에 친일파에 관대한 반면에 이념상 좌익에 대한 탄압상을 보여주어 문제 있음을 상기시킨다. 그리고 장면 5에서는 독립을 위해 친일파도 포용하며 단결하자고 하면서 좌익을 배척하는 모순된 상황을 보여준다. 특히 3막의 장면 1과 장면 2에서 노모와 수련이 되돌아오는 이유가 「고목」에서 보여준 신발을 신고 집안 출입을 하는 서구적인 생활 습관과의 차이에서 나타나는 문제와 서양여자와의 결혼을 했다는 단순 논리에서 「당대 놀부전」은 일본인 첩을 둔 금전적인 치부를 일삼는 부패한 친일파로 상황 설정을 바꿈으로써 내용 진행상 인과성이 뚜렷하여졌으며, 이를 무대에서 공연했을 때 소재가 보편성을 띠게 되어 일반 관중이 보았을 때 이해력과 설득력을 높여준다.

　이러한 구성의 변화는 희곡 갈등 구조상 외적인 대립을 극명하게 보여주어 연극으로 공연할 때 그 효과가 분명하게 나타남을 볼 수 있다. 「고목」에서 거복으로 표상되는 친일파 지주와 해외망명에서 돌아온 당수인 보수 우익과 직접 대립하는 좌익 청년단과 벌목부 초국에서 드러나는 갈등 구조가 불분명한 부분이 많았다면, 「당대 놀부전」 갈등 구조는 친일파와 민족 반역자, 그리고 지주로 표상되는 보수 우익 계층 대 이념상 좌익으로 나뉘는 청년단과 가난한 농민계층으로 선명한 대립 구도로써 혼란한 상황 속에서 일반적인 대중이 이해하기 쉽게 설정되어 있다.

그래서 궁극적으로는 친일파 문제보다도 미군정에 의해 탄압받는 이념 문제가 선결된 우선 과제가 아니라는 논지를 전개하고 있다. 현안은 친일파와 봉건 잔재 청산에 있음을 지적한다. 구성상 갈등 설정을 친일파 문제로 쟁점화 하여 이념 문제를 희석시키고, 이를 흑백논리식으로 옳고 그름을 선택하게 하였다. 이러한 구성 내용 변화가 지니는 의미는 과연 무엇인가 하는 것이 중요하다. 이는 작가가 작품을 개작한 의미와 상통하는 문제로 구체적으로 다루어보기로 하겠다.

4. 개작 내용이 지니는 의미

「당대 놀부전」은 「고목」을 개작한 작품이다. 불과 4개월 사이에 내용상 큰 차이가 나는 것도 아닌데 제목을 바꾸고, 실존하지도 않는 극단 명의로 각본 심의를 요청한 이유는 무엇인가. 이는 바로 개작이 지니는 의미와 연관된다고 볼 수 있다.

「당대 놀부전」 개작은 작가가 시간적 여유를 가지고 한 것이 아니라고 본다. 이러한 사실은 등장인물 이름에서 나타난다. 수국을 수연으로, 영팔을 진팔로, 맹첨지를 허첨지로, 곽목사를 정목사로, 하동정을 윤남철로 바꿨는데 이들 이름이 각기 혼용되어서 쓰이고 있다. 가장 기본적인 인물명을 표기하는 데에서 혼선을 보여준다. 이러한 사실은 작가가 충분한 시간적 여유가 없이 급히 쓴 작품임을 반증해 주는 것이라 할 수 있다.

그리고 「고목」이 완전한 구어체가 아닌 것에 비해, 「當代 놀부전」은 소리 나는 대로 구어체를 구사하고 있다. 이러한 사실은 「고목」이

발전된 형태로써 무대화를 전제로 개작한 것임을 말해준다고 본다.

희곡 구성 측면을 보면 「고목」에서 나타나는 갈등 상황이 불명확하고 혼란함을 최만익 당수를 친일파로 설정함으로써 외적 대립이 뚜렷하게 드러낸다. 그리고 당시 친일파 문제 거론과 함께 일본인이 남기고 간 적산 재산 처리를 둘러싼 이권 문제, 미군정 불하품 등 여러 사안을 예시함으로써, 희곡 외적 갈등 구도를 시대적 상황과 밀접하고 친숙한 문제로 예를 들어서 대중적인 이해도와 친화력을 높이고 있다.

「고목」에서 오각하를 서양 습관이 익숙한 서양 여자와 결혼한 이승만을 연상시키는 설정이 일면 타당성이 있어 보이나, 희곡을 무대화하여 연극으로 공연한다고 가정했을 때 갈등 표출 부분에서 이해도는 특정인을 지칭하고 있기에 일반적인 설득력을 지니지 못할 수도 있다. 이러한 부분에서 좌익이라는 이념 문제와 친일파와 일제 잔재, 봉건 잔재 청산이라는 갈등 구조는 해방공간이라는 시대적 상황과 연관되어 대중적인 인식 확산과 이해심을 지니는 것이다.

이는 당시에 분단된 민족 통일 방법에서 이승만이 주장한 선 통일, 후 친일파 제거와 박헌영이 말한 선 친일파 제거 후 통일이라는 논리상 대립관계와 연관성을 지닌다.

공산당은 해방일보(45.12.7)에 연합국에 보내는 메세지를 ① 친일파 제거 ② 민주주의원칙 위에서의 정부수립 ③ 민족 통일 전선 수립 ④ 38도 이남에서의 일제 잔재 소탕 ⑤ 주권의 이동 등이 해결되어야 한다는 입장에 대해, 이승만이 공산당이 노국을 저희 조국이라 한다니 한국을 떠나 저희 조국에 가서 섬기라는 입장을 밝히자,[5] 박헌영은

---

5 해방일보, 1945.12.7.

이승만의 40년 해외 유랑생활을 동정하여 국내에서 활동에 대한 만반의 허용을 해 주었는데, 이승만의 정체는 민족 반역자 및 친일파의 주구가 되는 동시에, 도리어 그들의 최고 수령의 영예로운 자리에 있다[6]고 해방일보 12월 23일에 발표한다.

문학가 동맹이 개최한 전국 문학자 대회에서 채택된 〈파시즘의 위험과 문학자의 임무에 대한 결의〉에서도 보면 전국 문학자는 민주주의 민족전선의 일익으로 부과된 임무를 성실히 수행하기 위해 일체의 파시즘 대두와 횡행에 대한 과감한 투쟁을 전개할 것을 주장한다. 여기서 파시즘은 우익을 지칭하는 것이다. 공산당의 민주주의 민족전선을 위한 통일 전선체 구성에는 2가지 원칙이 있다. ① 통일전선에 있어서의 공산당의 주도권 장악문제 ② 하층통일(합작)에 중점을 둔다.[7] 이는 좌우합작을 통해 상대방 조직에 속해 있는 군중을 자기네 노선을 따르도록 만들자는데 목적이 있기 때문이다. 그래서 하층 통일이 안된 상층 통일은 그 의미가 없다.

좌익은 46년 7월 박헌영이 지시한 신전술에 의해 테러는 테러로 갚는 전략으로 10.1 대구 폭동을 일으킨다. 이러한 결과는 47년 들어서 미군정당국을 대표한 정택상이 '예술을 빙자한 정치선전의 전면금지'라는 특별고시[8]로 나타나 당시에 대중적인 선전 선동성이 강한 공연예술에 제재를 가한다. 이러한 대중 예술에 대한 제재 속에서 5월 21일 미소공위를 재개함에 따라 남로당은 새롭게 대중화 운동을 전개한다는 전략을 세워서 대중화 문제에 적극적인 공세로 나아간다.[9] 그리고

6 해방일보, 1945.12.23.
7 김남식, 「남로당 연구」, 돌배개, 1987, 191쪽.
8 『예술 연감』, 예술문화사, 1947.5.
  이기봉, 『북의 문학과 예술인』, 사사연, 1986.

이러한 대중화 운동에서 가시화되어 나타나는 것이 대중성이 강한 공연 예술을 활용하는 것으로 '문화공작대'가 대표적인 수단이고 연극이 주요한 구성요소를 이룬다.[10] 그리고 이러한 시대적 배경에서 나온 것이 개작 작품 「고목」과 「당대 놀부전」이다. 좌익이 문화 공작대를 내세운 대중화 운동을 적극 전개되던 시기인 47년에 이 작품이 개작된 것이다.

그리고 47.4월에 개작한 「고목」에 나오는 이승만을 지칭한 듯한 오각하라는 인물 설정과 서양에 대한 부정적인 표현이 당시 사회현상에 대한 직접적인 대응과 상황 표출이었다면, 「당대 놀부전」에서 친일파 대 좌익이라는 이념 대립 상황은 간접적이고도 우회적인 대중에 대한 설득력을 지닌 갈등 구조임을 보여준다. 이 작품은 내용이 이북에 대한 막연한 희망을 심어주어 월북을 조장하고 토지개혁과 친일파 문제 등을 처리하는 면에서 객관적이고 공정하게 되어 이남보다 나은 상황임을 암시하는 상황을 연출하고 있다.

이 작품이 노동자와 농민 등 일반 대중을 대상으로 한다고 보면, 작품 내용은 이들이 보다 쉽게 이해할 수 있는 상황을 설정하여 좌익이 우익보다 정당하고 올바르게 행하고 있음을 설파하는 것이다. 결국 이러한 내용 전개 양상은 박헌영이 지시한 통일전선 전략에 맞춰 노동자 농민을 대상으로 한 하층통일로 이어져서 등장인물인 오복까지도 좌익의 행동이 옳음을, 친일파 문제 해결이 우선함을 묵시적으로 동의함을 보여주고 있다. 그럼으로써 희곡 개작 목적인 통일전선을 구현시

---

9 신형기, 『해방직후의 문화운동론』, 화다, 1988, 98~117쪽 참조.
10 김동권, 「미군정기 연극의 대본검열 문제연구」, 한국연극사학회편, 『한국연극연구』, 국학자료원, 1998 참조.

키는 것이다.

여기에서 오각하라는 인물 설정이 이승만과 서양에 대한 부정적인 상황을 표출했던 것에서 최만익 대감이라는 친일파 문제로 상황이 전환된 원인을 유추해 본다면, 이는 미소공위의 재개에 따른 미국에 대한 직접적인 적대감 표출 자제와 함께 대중을 상대로 한 통일전선 구축을 위한 선전 선동 강화 측면과 연관하여 볼 수 있겠다.

결국 함세덕의 「당대 놀부전」이 지니는 작품상 의미는 좌익 전술인 통일전선과 연관해서 보아야 한다는 점과 이들이 주장하는 대중화 문제와 맞물려서 이를 작품화하여 보여주고 있다고 볼 수 있는 것이다.

5. 결론 — 다시 생각해야 될 문제점

① 함세덕은 극작술이 남다른 작가임은 분명하다. 이는 「거리는 쾌청한 가을날씨」라는 친일극을 「고목」과 「당대 놀부전」으로 개작하여 작가 자신이 의도하는 바대로 해방공간 상황을 적시하여 친일 문제와 이념 문제로 갈등 상황을 설정하여 만들어 주는 것만 보아도 알 수 있다.

그러나 작가의 월북과 좌익으로 사상적 전환 문제는 이들 작품이 비록 박헌영이 지시한 남로당의 통일전선과 전략적인 측면을 작품화하여 수용하고 있다고 해도 함세덕이 월북 후 작품 활동이 활발하지 못했음에 비추어, 그의 사상적인 성향에 대해서는 다시 생각해 볼 여지가 있다고 본다.

즉 좌익을 옹호한 것은 분명한데 좌익으로 사상적인 전환에 분명한 이유가 나타나지 않는다는 문제점을 지닌다. 이는 당시에 무대예술을 행하던 사람들 대다수가 좌파 연하였으며 월북을 했다는 시대적인 정황과 함께 극작술에 능란했던 작가라는 점에서 좌익으로 사상적 전향 문제는 작가의 진의가 의문시된다.

 ② 이러한 점에서 볼 때 제기되는 또 한 가지 문제점은 작가 작품 세계에 대한 것으로 과연 작가가 나름대로 철학을 지니고 개작에 임했나는 사항이다. 이는 작가 작품세계가 지향하는 바가 무엇이냐는 문제와 함께 「當代 놀부전」에서 보여주는 바와 같이 남로당 정강 정책에 부합한다는 문제점을 지닌다. 그 결과 작품 개작이 타의에 의한 것으로 작가가 행한 극작술 기교에 그치고 마는 것이 아니냐하는 의구심을 불러일으키는 것으로, 이것은 외국 작가와 발생하는 작품 영향관계와 함께 되새겨 보아야 되는 사항이다.

 그러나 이러한 모든 문제에도 불구하고 함세덕은 당대 극작술이 능란한 극작가라는 사실이다. 「당대 놀부전」이 미군정기 공연예술 측면에서 이념적인 문제를 친일파 문제와 대비시켜 보여주고 있는 것에서도 알 수 있듯이 짧은 시간의 개작 과정을 거친 작품이지만 잘 구성되어 있다.

 그러나 아쉬운 점은 이것이 작가 자신이 지닌 창작관이나 철학에 의해 창작된 것으로 보이지 않는다는 것이다. 작가가 지닌 철학과 창작관에 의한 것이라 생각되기보다는 주변 환경에 따른 시대적 정황에 의한 이념적인 측면에서 비롯된 작위적인 개작이었다는 문제점을 드러낸다.

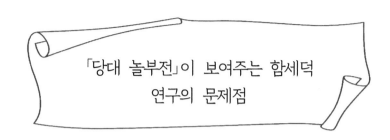

「당대 놀부전」이 보여주는 함세덕
연구의 문제점

1. 작품 성향과 「당대놀부전」의 위상

작가 함세덕은 1915년 5월 23일 인천에서 출생하여 1950년 사망하기까지, 1936년 9월에 『조선문학』에 「산허구리」를 발표하여 문단 활동을 시작한 이후 월북하여 「산사람들」을 발표하기까지, 짧은 시간 동안 20여 편의 작품과 희곡집 『동승』을 통해 일천한 역사를 지닌 우리 희곡과 연극계에 많은 논의의 여지를 주고 갔다.

함세덕을 둘러싼 논의의 쟁점을 살펴보기 위해서는 이보다 먼저 함세덕의 살아온 전기적인 측면에서 작가의 이력을 살펴보아야만 한다. 함세덕은 인천에서 출생하여 그곳에서 상업고등학교를 마치고 작가의 길을 나선다.

1934년에 고등학교를 졸업한 후 작가의 길에 뜻을 두고 서울 충무로에 소재한 일한서방에 취업을 한 것이다. 서점에 취직을 한 것이 작가의 길을 가기 위한 수단이었다는 시사점은 의미하는 바가 크다 하겠다.

이 당시는 1935년의 동양극장 개관과 함께 상업적인 연극과 극예술

연구회를 통한 신극 운동, 그리고 학생극 등이 왕성하였다. 이 땅에 서구적 양식의 희곡/연극이 유입된 이래 연극운동이 하나의 새로운 전기를 맞이한 시기라고 할 수 있다. 이러한 30년대 후반에 함세덕의 「도념」이 극예술연구회의 후신인 극연좌를 통해 공연됨으로써 비로소 본격적인 희곡작가로서의 입지를 가지고 활동을 전개하게 된다.

그러나 왕성한 창작 활동을 전개하는 40년대에 국민연극이라는 일제의 어용적인 국책연극 시대를 맞이하게 된다. 국민연극 시대에도 함세덕은 일본 전진좌로의 연극 유학 등을 통해 작가의 극작술에 대한 기교는 능숙해진다. 그리고 1945년 8월, 해방을 맞이한 미군정기에는 뚜렷한 사상적 고뇌와 편력에 대한 흔적이 없이 박헌영의 남로당 편에 서서 연극동맹에 가담하여 활동을 벌이다 월북한다.

이와 같이 함세덕은 이 땅에 연극이 본격적으로 토착화되기 시작하는 30년대 중반에 창작활동을 시작하여, 일제의 국민연극 시대를 거쳐 8·15 해방 후 미군정기에 연극동맹 서울시지부 위원장을 맡아 좌익 활동을 하다가 월북을 함으로써 작가의 길의 끝을 맺게 된다.

작가로서의 활동기간은 짧았지만 연극운동이 활발히 전개되던 시기에, 근대사에 있어서 문제의 '쟁점이 집약된 역사의 전환기에 등장하여 활동하였다는 점과 극작술에 있어서 남다른 재능을 보여주어 오늘의 연구자들에게 많은 논쟁의 여지를 남겨주고 있다. 이러한 논쟁의 측면을 살펴보면 다음 몇 가지로 정리하여 볼 수 있다.

첫째, 작가의 작품세계와 외국작가와의 영향관계이다. 「산허구리」, 「무의도기행」, 「해연」, 「추석」, 「에밀레종」등의 작품과 싱그의 「바다로 가는 기사들」, 마르셀 빠뇰의 「마리우스」와 「화니」, 머레이의 「장남의 권리」, 다니자끼 준이찌로의 「춘금초」와의 영향관계에 대한 문제이다.

이것은 비교문학적인 측면에서 단순히 개인적인 사사에 의한 것인지 여부와 함께 나아가 이들의 영향관계가 어떠한 형태로 나타나는가, 그리고 모작의 형식을 띠고 있는가 하는 논쟁을 일으킨다. 그렇기 때문에 이에 대해서는 원문과 일어본의 내용 비교를 통한 보다 구체성을 띤 연구가 요청된다.

특히 이 점에서는 작가가 작가의 길을 걷기 위해 일한서점에 취업을 했었다는 점에 주목할 필요가 있다. 작가의 해박한 지식의 일단은 일한서점의 점원시절에 했던 독서가 토대를 이룬 것이라는 가정이 성립된다는 점에서 주목해 볼 필요성이 있다.

둘째는 함세덕이 자신의 작품을 지속적으로 개작했다는 점이다. 그리고 개작의 양상이 기존에 발표한 작품을 공연이나 책으로 엮는 과정에서 나타나는 내용의 보완이라는 형태를 비롯해서, 제목과 내용 자체를 바꾸고 구성 자체가 달라지는 등 다양성을 지니고 있다.

제목 자체를 바꾼 예는 「무의도기행」을 「황해」로 개작한 것과 「거리는 쾌청한 가을날씨」를 시대적 상황에 맞춰 개작한 「고목」과 이를 다시 개작한 「당대 놀부전」이 있다. 이들 작품은 제목뿐만 아니라 내용과 구성도 당시 공연에 적합한 형태로 개작되었다. 이러한 작품의 개작에서 파생하는 문제는 함세덕 극작술이 보여주는 시사점과 동시에 개작의 방향에서 제기되는 개작의 목적과 그 의미성에 대한 의문점을 제기한다.

희곡집 『동승』을 묶으면서 함세덕은 자신의 일제시대의 작품 활동에 대하여 "결과에 있어서는 조선 문화의 정한 발전에 역행적 역할을 한 것에 불과하였다. 그러나 이 소위 국민연극 속에서 한가지 얻은 것은 기술이었다. 이것만은 참으로 불행 중의 다행이리라"라고 회고하고 있다.

이러한 본인의 회고를 통해서 작가 자신이 개작에 능하다는 사실과 함께 극작술에 대한 문제점을 엿볼 수가 있다. 그래서 개작에 따른 문제의 구체적인 검토가 필요하다. 특히 단순한 개작의 양상을 고찰하는 정도의 파악보다는 개작의 방향성에 대한 목적성과 의미성을 살펴보는 연구가 뒷받침되어야 한다. 개작의 방향성을 살펴봄으로써 작가의 의도는 무엇이며 이를 통해 제시하고자 한 바는 무엇인가. 작가의 능숙한 드라마투루기를 통한 단순한 기교인가 아니면 다른 목적성에 의한 개작인가 여부를 시대적 상황과 연계하여 되새겨볼 필요가 있다.

셋째로는 작가의 작품세계에 관한 것이다. 작가의 작품세계는 1945년 8월 일제로부터 해방이라는 역사적 전기를 맞아 새롭게 변화를 가져온다. 작가 자신이 일제 시대에 국민연극의 상황 속에서 획득한 능숙한 극작술을 바탕으로 "인민의 한구석에 서서 앞으로의 새로운 민족연극을 창조하기에 부심"하고자 한 민족연극의 의미는 무엇인가. 이는 미군 정기에 문학가동맹의 일원으로서, 서울시지부 희곡분과 위원장이었던 전력과 월북 문제 등의 이력이 직접적인 상관성을 지닌다.

특히 작가의 미군정기의 작품세계에 대한 시각차를 보여주는 기존 논의를 보면 문학지에 발표한 「고목」을 대상으로 전개됨을 볼 수 있다. 유민영은 「고목」이 "식민지 잔재, 친일파 매도로만 그치지 않는다. 해방직후 혼란기에 남로당이 내걸었던 여러 가지 정책을 작품으로 꾸민 것이나 다름없을 정도로 빈부의 문제라든가 토지개혁, 분배는 물론 과거의 문제까지 모두 들추어"내고 있으며, 궁극적으로 "봉건 잔재와 일제 잔재를 뿌리 채 뽑아버리고 새로운 사회주의 국가를 건설"한다는 정치적인 선전 선동성이 있는 목적극 성향을 지닌다고 보고 있으, 해방 직후 "좌익 지도자들이 주창했던 이러한 위장된 이념에 젊은이답게 순수하게 동정하고 있었던 것"으로 작가가 현실 속에서 이념의 본질을 깨닫지 못하고 "어설프게 사회주의 리얼리즘의 길로 변신을 시도"했다고 보는 서연호의 시각과 양승국의 "해방 직후의 진보적 현실 인식이 가장·구체적으로 형상화된 작품"이라는 연구자마다 일정한 견해차를 나타내주고 있다.

일제시대의 작품세계에 관해서는 서정적인 리얼리즘의 세계관을 지녔고 친일극을 썼다는 공통된 견해를 보여주는 데 반해 8·15 해방이후 미군정기의 작가의 작품세계에 대해서는 연구자 간에 일정한 견해차를 보여준다. 이에 대한 근거가 될 만한 새로운 논쟁 해결의 단초가 필요하다. 이러한 점에서 함세덕의「당대 놀부전」은 개작 문제에 대한 의미성과 해방 직후, 미군정기 작가의 변신에 대한 일단의 의문점을 풀어주리라 본다.

「당대놀부전」은 함세덕이 일본의 전진좌에 유학갔을 때 쓴 친일극 「거리는 쾌청한 가을날씨」(『국민문학』, 1944. 11)를 개작한 「고목」(『문학』, 1947. 4)을 다시 개작한 작품이다.「고목」은 미군정기의 사회적 여건에 맞추어서 개작을 시도한 것인데, 이를 다시 공연에 올리려는 심의 대본으로 개작을 시도한 것이 「당대놀부전」이다.

특히 이 작품은 극단 대중극장 명의로 미군정청에 각본 심의를 의뢰

하여 대본 검열을 받은 것으로, 미군정 당국의 연극에 대한 검열을 통해 미군정기 연극에 대한 규제와 정책의 방향을 보여준다는 점에 의의가 있다. 지금까지 미군 정기에 군정 당국에 의한 사전검열이 있었다는 사실은 알고 있었지만 구체적으로 어떠한 형태와 방향성을 지녔는지는 알 수가 없었다.

다만 1947년 1월 미군정청 경찰총감인 장택상의 '예술을 빙자한 정치선전의 전면 금지' 특별고시와 이후에도 지속적으로 전개되는 남로당의 적극적인 대중화 운동을 통해 간접적으로 짐작할 따름이었다. 이러한 미군정청과 좌익측이 대립하던 시기에 발표된 것이다 1947년 4월 『문학과동맹』 기관지에 실린 개작 작품 「고목」과 이어서 1947년 8월 29일 대본 검열을 완료한 「당대놀부전」이 지니는 의미는 좌익의 일원으로 활동한 함세덕의 작품에 드러나는 개작의 의미성과 더불어 해방공간이라 불리 우는 미군정기의 문학/예술 정책의 일단을 구체적으로 실증하여 준다는 데 있다. 이와 같이 「당대놀부전」은 작가 함세덕에 대한 평가뿐만 아니라 해방공간의 문화/예술에 대한 미군정의 정책과 시대적 정황을 보여준다는 데 그 의미가 있다.

2. 판본과 개작내용

「당대놀부전」은 「거리는 쾌청한 가을날씨」를 개작한 「고목」을 다시 개작한 작품이다. 일제시대에 쓰였던 일본의 식민지 정책에 맞춰진 친일 성향의 극을 8·15이후 해방된 시대적 상황에 적합하게 만들었고, 이를 다시 개작한 것이 「당대놀부전」인 것이다. 이들 작품의 개작 내용을 보겠다.

「거리는 쾌청한 가을 날씨」는 일본 동경 외곽 작은 동네를 배경으로 전당포 주인네 마당에서 하루 동안에 일어난 사건을 다룬 1막극이다. 주요 인물은 만다이 쿠라조 인 전당포 주인, 처 요시, 아들 신이치, 처남인 리사부로 가구점 주, 그리고 기소의 초부인 기코자에몽과 마을 회장인 아다치 유키모토가 등장한다.

작품 줄거리는 아들 신이치가 군에 자원입대하였다가 신체검사에서 떨어져 되돌아왔다가 군속으로 전쟁터에 간다는 데서 발생하는 갈등과 신이치의 아버지인 만다이 쿠라조가 느티나무 공출 압력에 따른 개인 이익과 국가 이익으로 대표되고, 공적인 것과 사적인 것 간에 갈등으로 전개되는 이야기이다. 내용상 갈등의 외적 표상인 느티나무 벌목을 중심으로 이야기가 진행된다.

느티나무 벌목 문제로 표상되어 나타나는 갈등 양상, 즉 느티나무로 전당포 창고를 새로 지으려는 전당포 주인인 쿠라조가 지닌 개인적인 욕심과 공공과 국가 이익을 앞세워 공출해야 한다는 명분 사이에 발생하는 대립이다.

그리고 이러한 여러 가지 형태 주제와 연관된 모티프가 나타나는데, 마을회장과 청년단원들이 보여주는 봉사 모티프, 공터 활용 모티프, 처남 모티프, 벌목꾼 모티프 등을 통해서 이 작품이 단막극으로 단순한 갈등 구도를 지니는 듯하지만 경우에 따라서는 보다 복잡하게 엮을 수 있는 단초를 보여준다. 줄거리가 지시하는 것은 개인 이익보다는 공공과 국가 이익을 우선해야 한다는 내용으로 나무 공출의 당위성을 담고 있다.

이들 내용이 지향하는 것은 일제 식민지 정책에 의한 전쟁 참여의 당위성과 함께 이에 대한 선전·선동, 그리고 전쟁에 필요한 각종 물자 헌납을 유도하고 있다. 때문에 친일극으로서 위상이 뚜렷하다.

그런데 여기에 등장하는 각종 모티프와 '느티나무 벌목'으로 표상되는 갈등 양상이 그대로 「고목」에 원용되어 나타나고 있다. 시대적 상황과 작품 길이만 다르고 나머지 부분은 동일하다. 그리고 「거리는 쾌청한 가을 날씨」를 보면 단막극으로 보기에는 관련 모티프와 나뉘는 장면이 많다는 점에서 단막극에 적합하다기보다는 장막극 가능성을 내포하고 있음을 보여준다.

여기에 나타나는 상호 연관된 사항 중에 주목할 것은 다음과 같은 내용이다. 먼저 「거리는 쾌청한 가을날씨」와 「고목」과의 상관관계를 보면, 1막 극을 3막극으로 즉 단막극에서 장막극으로 바뀐 점과 갈등의 표상인 느티나무가 행자나무로 변했다.

그리고 나무벌목이라는 상징적 표상으로 드러나는 갈등 내용은 일본을 위한 전쟁 참여와 물자헌납을 둘러싼 개인 욕심 대 공공성을 지닌 국가 이익이라는 것에서 시대적 상황의 변화로 해방공간에서 미군정기에 쟁점 사항 중에 현안인 친일파 문제와 좌익이라는 이념 대립 형태로 바뀌어서 표출되어 있다. 이러한 점에서 두 작품은 시대적 상황에 맞게 변형시켜 놓은 개작임을 알 수 있다. 그리고 두 작품이 지닌 기본 골격은 같다.

그러면 「고목」과 「당대 놀부전」에 나타나는 개작 상황을 보기로 하겠다. 먼저 인물과 배경 문제를 살펴보겠다. 인물은 「고목」에 나오는 박거복인 지주와 처, 여학생 딸 수국, 창덕궁나인이었던 노모, 전재민 처남, 영팔, 영팔의 처, 맹첨지, 벌목부 초국, 딸 진이, 여학교 교장 곽목사, 전군수 윤서, 거복 소작인 막봉이, 하동정과 청년 단원 등이 있다.

「당대 놀부전」에 나오는 오복과 처, 수연, 노모, 진팔, 진팔의 처, 허첨지, 벌목부, 진이, 곽목사, 윤서곤, 막봉이, 하남철 등은 서로 이름만 다를 뿐 인물의 역할과 기능이 같음을 볼 수 있다.

특히 대본에 나타나는 인물 이름이 잘못 표현된 오기가 눈에 띄게 나타나고 있음을 볼 때 이는 시간적 여유가 없이 개작에 임했음을 알려준다.

그리고 작품에 나오는 등장인물을 크게 두 부류로 나누어 볼 수 있는 데 진보와 보수로 혹은 좌익이념을 추구하는 경우와 기득권 계층인 친일파 잔재들이다. 이들 두 부류로 나뉜 인물들이 작품에 나타나는 역할과 기능이 같다는 점이 특징이다.

인물 성격과 상황 설정 면에서 보면, 직접 등장하지 않는 「고목」의 오각하와 「당대 놀부전」의 최만익 대감이 다르게 되어 있다. 오각하와 최만익 대감은 거복과 오복이 속한 정당 대표로서 청년 단장으로 표상되는 좌익에 대립되는 우파 보수 계층을 대표하는 인물이다. 이 인물들은 등장하지는 않지만 이야기 중심 축에 있다.

「고목」의 오각하는 "36년 동안이나 해외에 계셔서" 고생을 하였으며, 현재는 "그 지긋지긋한 공산당 극렬분자들 때문에 골칠 썩히구 계시는" 중이다. 그리고 오각하가 결혼한 여자가 서양부인이라는 점에서 당시 이승만을 연상시키고 있다 그는 "허지만 요전 신문 보면 외국을 떠나실 때 이미 조선의 광산권을 일개 외국상인에게 매각할 것을 약속"하였고, 자신의 "경제 회살 중심으루 불하품들을 알선하구 있으시다는 항간의 낭설"이 있는 인물이다. 이런 해외파로 설정했던 인물을 「당대 놀부전」에서는 친일파로 설정하고 있다.

남철 : 오복씬 아까 최남익씨가 해외 망명한 애국자라고 하시지만 그건 조국광복을 위해서가 아니라 아편장수와 관동군 어용상인으로 돌아 다녔든 것입니다. 총독부고등 촉탁으루 학병권유자루 실로 대표적 친일파 민족 반역자인 것입니다.

오복: 아편장수라구? 고등촉탁이라고? 애국자를 중상해두 유만무득이지 당신을 좌익패 들을 그렇게 밤낮 진정한 애국잘 구렁텅이에다 널라구하구 있기 때문에 백성들이 모두 뱀같이 싫어하는거요. 일제시대에 왜놈들이 집을 사준다 자동찰 사준다하고 별별 수단으로 그분을 꼬였으되 실제 귀를 귀울이지 않고 셋방에서 버리죽만 잡주면서 자조를 지키신 분이요. 오직 자주독립만을 위해서 생애를 받쳐 오신 분이오. 친일파 민족반역자라니 그런 무엄한 소리가 어데 있소?

「당대 놀부전」에서는 인물 설정을 이승만이라는 특정한 해외 망명객을 지시한 「고목」의 경우와는 다르게 당시에 누구에게나 쉽게 이해되고 보편성을 지닌 친일파로 바꿈으로써 시대적인 문제점을 이념 문제가 아닌 일제 잔재 청산 문제가 보다 중요한 일임을 부각시키고 있다. 미군정기에 현안 문제 중에 최우선한 과제가 일제 잔재 청산에 있음을 강조하고 있다.

이들 인물들이 등장하는 무대상 공간적 배경은 3대째 내려오는 지주

저택으로 7월 장마철, 어느날 오후의 텅 빈 무대에서 사건은 시작된다 그리고 2막은 같은 배경으로 30분 후 상황이고 3막은 두시간 후 사건으로 같은 무대에서 전체 사건이 일어나는 경과가 불과 3시간 안팎이다. 이는 「고목」과 「당대 놀부전」이 동일하다. 두 작품에 시·공간상 배경이 같다.

구성과 줄거리를 보겠다. 「고목」과 「당대 놀부전」 구성과 줄거리는 인물 설정에서 논급한 오각하라는 해외 망명객 출신으로 서양 여자와 결혼한 인물을 최만익이라는 일본인 첩을 가진 친일파로 만든 이외에는 변화가 없다.

그러나 이러한 단순해 보이는 인물 설정상 변화가 작품 전체 구성에 많은 변화를 가져온다. 이를 보면 다음과 같다.

1막에서 당시 현안이었던 적산공장과 미군정 불하품에 대한 문제 제기가 있다. 그리고 2막에서 친일파에 대한 개념 규정에서 최당수 자신이 친일파이기 때문에 친일파에 관대한 반면에 이념상 좌익에 대한 탄압상을 보여주어 문제가 있음을 상기시킨다. 그리고 독립을 위해 친일파도 포용하며 단결하자고 하면서 좌익을 배척하는 모순된 상황을 보여준다. 특히 3막에서 노모와 수련이 되돌아오는 이유가 「고목」에서 보여준 신발을 신고 집안 출입을 하는 서구적인 생활 습관과의 차이에서 야기되는 문제와 서양여자와 결혼을 했다는 단순 논리에서 「당대 놀부전」은 일본인 첩을 둔 금전적인 치부를 일삼는 부패한 친일파로 상황 설정을 바꿈으로써 내용 진행상 인과성이 뚜렷하여졌으며, 이를 무대에서 상연했을 때 소재가 보편성을 띠게 되어 일반 관중의 이해력과 설득력을 높여준다.

이러한 구성의 변화는 희곡 갈등 구조상 외적인 대립을 극명하게 보여주어 연극으로 공연할 때 그 효과가 분명하게 나타남을 볼 수 있다. 「고목」에서 거복으로 표상되는 친일파 지주와 해외망명에서 돌아온 당수인 보수 우익과 직접 대립하는 좌익 청년단과 벌목부 초국에서 드러나는 갈등 구조가 불분명한 부분이 많았다면, 「당대 놀부전」 갈등 구조는 친일파와 민족 반역자, 그리고 지주로 표상되는 보수 우익 계층 대 이념상 좌익으로 나뉘는 청년단과 가난한 농민 계층으로 선명한 대립 구도로써 혼란한 상황 속에서 일반적인 대중이 이해하기 쉽게 설정되어 있다.

그래서 궁극적으로는 친일파 문제보다도 미군정에 의해 탄압받는 이념 문제가 선결된 우선 과제가 아니라는 논지를 전개하고 있다. 현안 문제는 친일파와 봉건 잔재 청산에 있음을 지적한다. 구성상 갈등 설정을 친일파 문제로 쟁점화하여 이념 문제를 희석시키고, 이를 흑백논리 식으로 옳고 그름을 선택하게 하였다. 이러한 구성 내용 변화가 지니는 의미는 과연 무엇인가 하는 것이 중요하다. 이는 작가가 작품을 개작한 의미와 상통하는 문제이기도 하다.

3. 시대적 상황과의 연계성

1945년 8월부터 1948년 8월까지의 미 군정기(美 軍政期) 3년은 통상 해방공간(解放空間)이라 불리 운다. 일반적으로 해방공간의 제반현상은 1950년 6월까지 그 특성이 연장되어 나타나는데, 그 양상은 좌익과 우익의 이념대립과 함께 친일파 문제 등 해방에 따른 제반 문제가

한데 어우러져 있으며, 문학예술과 정치와의 상관관계에 있어서는 정치 우위의 상황을 보여준다.2)

이 시기에는 연극 동맹의 활동이 두드러졌었는데 그 양상을 살펴보면 "예술(藝) 보다는 정치(政治)를, 연극운동(演劇運動) 보다는 정치활동(政治運動) 에"3) 더 적극적이었음을 쉽게 알 수 있다.

연극의 방향 설정은 대개 연극단체의 운동 노선을 통해 규정지어지는데, 이 시기의 연극 단체는 이념적 성격을 지닌 정치세력과 상호 밀접한 연계성을 지니고 이에 의해 성격이 규정되고 있다. 이는 해방공간이라 지칭되는 이 시기만의 독특한 특성으로 희곡이 연극으로 상연을 전제로 했을 때에 더욱 문제시된다. 이것은 바로 연극이 지니는 대중성과 전파성에 의한 것이다.

먼저 8·15 와 함께 결성된 조선 문화 건설 중앙협의회를 통해 협의 결정된 조선 연극의 기본 방향을 보면 다음 4가지로 설정되었다.

첫째로 日本帝國主義에 依한 一切의 野蠻的이고 欺瞞的인 文化政策의 殘津를 痛蕩하고 이에 浸潤된 文化運動에 對하여 苟且없는 鬪爭을 展開할 것.

둘째로 演劇에있어서의 撤底的인 人民的 基變를 完成하기 爲하여 一切의 封建的要素의 殘淨, 特權層階級的演劇의 要素와 殘淨, 反民主主義的 地方主義的文化의 要素와 殘津의 淸算을 爲하여 活德한 鬪爭을 展開할 것,

셋째로 世界演劇의 一環으로서의 民族演劇의啓發과 是揚을爲하여 必要한 모든 建設事業을 設計할 것,

넷째로 文化戰線에있어서의 人民的協同의 完成을 期하여 强方한

文化의 統一戰線을 組織할 것

미군정기 연극 운동의 기본 방향이 일제와의 잔재를 청산하고, 봉건적 요소의 잔재 소탕과, 그리고 새로운 민족연극 건설에 있음을 제시하고 있다. 그리고 이를 위한 구체적인 행동으로 연합군 입성 환영 공연 준비, 전재민 의연금 모집, 그리고 새롭게 탄생할 조선 연극의 발전을 위하여 상업주의 연극으로의 저속화를 방지하기 위한 각본 심의실을 운영하기로 했다. 그리고 연극 용어의 제정, 연극 신문 간행 등의 필요성을 제기한다. 여기에서의 각본 심의실의 의미는 민간단체 위주의 자율적인 심의 기구로서 퇴폐적인 상업주의로의 지향을 방지하기 위한 것이다.

이러한 연극계의 자율적인 상황은 그 후 정치적인 측면에서의 좌익과 우익의 이념 대결로 인하여, 미군정 당국에 의해 일제시대의 제도였던 <검열제도의 부활>5) 로 이어진다. 특히 미군정은 연극동맹 산하 단체들의 연극 활동에 제재를 가하게 되는데 이는 1947년 1월 미군정 경찰 총감인 장택상의 '예술을 빙자한 정치선전의 전면 금지' 특별고시가 그것이다.6) 이는 공연예술에 대한 직접적인 제재로서 대본 검열 문제와 함께 당시의 공연예술의 위상을 말해 주는 것이다. 이것은 연극의 공연예술로서의 대중적인 성격으로 인한 것으로, 일반 대중과의 직접적인 접촉으로 인해 야기되는 선전·선동을 막기 위한 이에 대한 직접적인 제재인 것이다.

미군정기 당시의 연극은 대중에게 직접적인 호소력을 지니는 대중적인 전파 수단으로서 중요한 역할을 담당했다고 볼 수 있다. 그렇기 때문에 미군정 당국의 제재가 좌익 측의 대중화 운동과 반비례하여 나타난다. 1947년 5월 21일 미소공위재개를 계기로 남로당은 적극적인 공세를 취한다.7) 그리고 문화 예술면의 대중화 문제에 있어서도 실행에 옮겨 7월의 문화 공작대 파견으로 군정당국과 대립하게 된다.8) 이러한 일련의 과정과 미군정의 대본검열은 직접적인 상관관계를 지니는 것이다. 이에 미군정기의 검열대본인 함세덕의 「당대 놀부전」을 통해 미군정기의 대본 검열의 양상과 방향성 을 보여준다 하겠다.

함세덕의 「당대놀부전」은 『문학』3호 (1947년 4월호)에 발표된 희곡 「고목」을 개작한 것으로써, 미군정 당국에 의해 검열을 받은 공연을 위한 심사필본이다.

이 당시는 미군정의 좌익에 대한 적극적인 탄압과 남로당의 문학 예술에서의 대중화 운동이 펼쳐지던 시기이므로 작품의 창작 의도와 함께 당시의 대본 검열의 방향성과 의미를 살펴볼 수 있다.

「당대 놀부전」의 검열을 받기 위한 요약된 줄거리를 보면 다음과 같다

당대 놀부전 줄거리

三十年來의 大暴雨로 南鮮 一帶는 水害가 막심했다. 구두쇠 朴五福의 집에는 큰 행자나무가 있었다. 戰災民이고 그에 妻男인 鎭八은 그 나무를 비여서 家具를 만들어 팔려고 松下를 청했으나 五福은 서울서 내려온 自己黨 黨首에게 벼슬을 한 번 해볼려고 한다.

그러나 結局 그의 아름다운 人情의 自己의 夢想을 버리고 그 나무를 조카에게 준다는 人情美談的 劇이다. (작품 서문, 「當代 놀부伍」9)

이상의 줄거리만 보아서는 「당대 놀부전」과 「고목」을 비교해 보았을 때, 실제 등장인물의 이름과 약간의 상황 설정이 바뀌었을 뿐 그 대강의 역할과 내용은 대동소이하다 물론 위의 줄거리는 대본을 검열 받기 위한 검열용 대본의 서두이기 때문에, 그 줄거리의 대강은 작품상의 보다 본질적인 내용인 이념의 문제와 동시대의 제반 상황에 대해서는 전혀 언급하지 않고 있어서 실제 작품 내용과는 거리감이 있다. 약간의 이념 문제와 상황 변화만을 가지고도 작품의 전체적인 구도와 상연 시의 결과는 다를 수 있다는 것을 잘 보여 준다.

「당대 놀부전」은 극단 대중극장 명의로 대본 검열을 신청하여 1947년 8월 29일에 수도관구 경찰청 사찰과장명으로 연극대본의 내용을 심의한 후 상연하여도 좋음을 허가받았다.

그 허가 내용을 보면, 〈本 脚本 作意 提出에 依하야 檢閱을 한바 除却分을 除外하고 上演하야도 支障이 無함. 1947. 8. 29〉하고 있다. 이 내용을 바탕으로 해석해 보면 경찰청의 사찰과에서 대본을 제출받아 실제 대본의 내용을 검열한 후에 내용에서 부적합하다고 판단된 내용에 대해서는 삭제한 후에 이에 대한 상연의 적합성의 여부를 가려서 허가를 내리고 있음을 알 수 있다.

그리고 검열의 정도는 단순한 공연의 허가만이 아니고 내용상의 타당성 여부를 검증하는 수준임을 보여준다. 단순한 형식상의 가부 결정이 아니고 철저하게 내용상 검열을 하여 전후 문맥을 고려하여 내용의 가감 삭제를 하고 있다.

이는 당시의 연극에 대한 검열과 통제의 정도를 알려주는 지표라 하겠다. 이러한 검열제도가 상존하는 현실 속에서 좌익의 이념적인

성향을 지녔던 함세덕의 작품에 대해서 쉽게 검열을 해 주지는 않았을
것은 당연하다고 본다.

특히 「당대 놀부전」을 검열 신청하여 허가받은 1947년 8월은 7월의
미소공위의 결렬과 함께 좌익측의 적극적인 대중화 운동이 펼쳐지던
시기로서, 이는 후에 대구 10월 폭동으로 이어 진다 정치적인 맥락에서
연유한 문화적인 측면에서의 대중화 운동의 일환인 좌익 측의 문화공
작대 파견의 강행과 저지라는 대립이 이 시기에 빚어진다.

미군정기에 남로당의 좌파에 가담한 함세덕은, 1946년 8월에 문학
가동맹 서울시지부 희곡부 위원장을 맡는다. 그리고 구아랑의 황철,
구 현대극장의 박민천, 그리고 서일성, 이해랑, 김선영, 김복자 등과
함께 낙랑극회를 구성하여 활동한다. 낙랑극회는 연기진이 강한 단체
로 연기 기술에 있어서나 운영에 있어서나 능수능란하다는 평을 받았
다. 그러나 뒷 스텝이 약해서 작품과 연출을 극단 내에서 해결하지
못하는 것이 문제였었다.

낙랑극회의 주요 공연 작품을 보면 함세덕의 「산적」과 「기미년 (己
未年) 3월 1일」과 김사량의 「봇돌의 군복」 (軍服), 이서향의 「봄밤에
온 사나이」 등 비교적 새로운 좌파적인 경향성을 지닌 작품을 대상으
로 하였다. 이와 같이 미군정기에 활동의 이념적 성향이 분명하였던
함세덕이다.

그런데 1947년 4월 「문학」에 발표한 「고목」을 「당대 놀부전」으로
개작하여 각본 심의를 받은 것이다. 극단의 존재 여부와 활동한 바도
불분명한 극단 대중극장 명의로 검열을 받았다는 점에 의문을 제기하
지 않을 수가 없다.

당시에 활동한 극단을 살펴보면 이와 유사한 명칭을 지닌 1948년 1월에 창립한 대중극회가 있다. 그러나 이 극단은 역사극을 위주로 한 극단으로서 함세덕과의 직접적인 관련성을 찾기는 어렵다. 그리고 함세덕은 이미 1947년 말에 월북하여 1948년에 이남에 없었다. 이러한 전후사정을 살펴보았을, 활동 사항이 불분명한 극단 명의로 대본 검열을 신청했다는 것은 당시의 공연예술에 대한 미군정 당국의 규제와 연관성이 있는 것이 아닌가 한다.

이는 「고목」이 미군 정기에 '남로당이 내 걸었던 여러 가지 정책을 작품으로 꾸민 것이나' 다름없다는 유민영의 평가와 '일제 잔재 청산의 기대와 기득권 유지 기대의 충돌'을 보여준 작품이라는 평가에서 방향성을 찾아볼 수 있겠다. 「당대 놀부전」이 당시에 활동한 사실이 없는 극단 대중 극단 명의로 검열 신청을 한 것은 당시의 정치적 상황 때문에 다른 극단 명의로 심사를 받은 것이 아닌가 한다.

46년 후반부터' 특히 47년 7월에 미소공위가 완전히 결렬된 이후 미군의 좌익 측에 대한 제재가 강화되었다. 그리고 좌익 측의 남로당은 <신전술과 10월 항쟁>을 야기 시켰다는 점에 주목해야 한다. 바로 이러한 혼란한 시기에 두 작품이 개작되었다는 사실에서 함세덕의 사상성과 함께 작품상에 드러나는 의미를 추적해 볼 필요성이 있다. 「당대 놀부전」은 「고목」에 비해서 그 이념적 성향이 분명하여 당시 남로당 박헌영의 8월 테제에 입각하여 개작한 흔적이 분명하게 나타난다. 임화가 『문화전선』 창간호에서 「현하의 정세와 문화운동의 당면 임무」라는 제하의 글을 통해서 밝힌, 문화운동의 과제는 1) 일본 제국주의 문화 지배의 잔재 청산 2) 봉건유제의 청산 3) 부패한 시민 문화의 삼테제가 새로운 문화 건설을 위해 선행되어야 할 작업이라는 지적은 박헌영의 8월 테제와 궤를 같이하는 것이다. 남로당의 지도 노선에 따라서 문화운동의 방향을 설정한 것이다.

그런데 「당대 놀부전」은 이러한 문화운동의 범주와 개념 속에서 개작되었음을 보여준다. 또한 함세덕이 주로 활동한 낙랑극회에 대한 평가에서, 이들의 특성이 '이 극단의 무기는 기술이며 자랑은 좋은 의미에서 순수성에 있다'라고 지적한다. 그리고 좌파의 입장에서 볼 때, 이들이 민족문화의 봉화인 연극이 자유와 순수로써 이루어지지 않음을 알고 있다고 지적하면서, 그러나 그 기대를 걸고 있다고 하였다.

이러한 기대와 이유는 낙랑극회의 장점인 연기와 함세덕의 극작술에 연유한 것이라 하겠다. 이러한 기존의 평가로 미루어 볼 때 함세덕의 작품에 나타나는 개작의 성격이 당시 좌파의 입장에서 좌파의 이념과 대중에의 계몽과 전파 수단과 밀접한 관계 속에서 이루어졌음을 간과해서는 안 된다.

또한 연극이 정치 우위의 현실 속에서 선전·선동의 수단으로써 그리고 이념과 예술의 대중화 수단이었음을 상기해야 된다. 미군정기의 희곡을 논하는데 있어서는 단순하게 작품의 주제론적인 접근과 형태적인 관점에서의 논의보다는 사회, 정치적인 문제점과 연계해서 파악해야만 한다고 본다.

먼저 함세덕은 「당대 놀부전」의 개작 방향을 친일파와 이념 문제를 선택 사항으로 대비시켜서 좌·우익의 이념 문제보다도 친일파와 봉건 잔재를 청산하는 것이 시급한 과제임을 제시해 주고자 했다.

그러나 이는 미군정의 각본 내용 검열에서 철저하게 배제되었다. 미군정의 각본심의 검열에서 보면 좌익의 이념문제와 친일파와의 관계에서 친일파는 옹호해야 하는 대상인 반면 이념상 좌익은 배격해야 하는 존재임을 보여준다. 친일파의 등장과 이들의 과거 행적에 관한 문제에 있어서 이들은 미군정에 의해 재등장하여 기득권층이 된다. 그리고 이들의 이익이 군정 당국에 의해 보호되고 대변해 주는 형상을 띄고 있다.

다음으로 「당대 놀부전」은 함세덕이 박헌영의 8월 테제에 입각하여 민주주의 민족전선의 통일전선체를 만드는 원칙에 입각하여 쓰여져 있다. 「당대 놀부전」의 이야기 구성은 통일전선에서 좌파인 공산당이 주도권을 장악하고, 상대방 조직에 속하는 군중을 대상으로 하층 통일을 꾀하는 공작의 과정과 유사한 문제 해결 과정을 보여주고 있다.

이는 좌익을 대변하는 하남철이 긍정적인 인물의 형상을 지니고, 부정적인 인물인 오복을 자신의 이념적인 반대파에서 우호적인 관계로 뒤바꿔놓는 상황 설정과 문제 해결 과정을 통해서 알 수 있다.

백의당의 오복이 자신의 목에 달린 거추장스러운 혹과 같은 존재가 바로 백의당과 그 당수 최만익임을 인식하는 과정과 이들과 결별하는 과정을 통해서 증명해 준다. 또한 독립 국가 건설의 문제가 친일파와 봉건 잔재의 소탕과 직결됨을 제시하나, 이러한 내용은 검열 대상이 되어 철저하게 배제되고 있다.

검열 내용은 좌파 공산당의 이념 문제와 땅의 배분문제에 대해서도 이들에 대해 긍정적인 시각에서 보고자 한 작품상의 의도를 철저하게 배제하고 있다. 좌익의 이념을 지닌 자에 대해서는 긍정적인 시각으로 보는 내용 자체를 검열에서 삭제하고 이북에 대한 긍정적인 시각과 토지 분배 문제에 대해서도 언급 자체를 삭제하여 철저하게 통제한다. 이는 기득권층인 친일파, 지주계급과 제휴한 미군정의 군정 통치 방향을 보여주는 것으로서, 기득권층의 이익을 철저하게 옹호하는 것이다.

결국 「당대 놀부전」은 함세덕이 좌익인 남로당의 통일전선의 일환으로써, 당대의 현실 문제를 이념 대 친일파의 문제로 쟁점화하여 이념보다는 친일파 문제에 중점을 두었다. 그러나 이러한 사항은 미군정 당국 검열상의 과정에서 좌익의 선전·선동을 철저하게 배제하고자 했다. 그리고 친일파의 재등장과 이익을 대변하여 옹호하고 있다. 그래서 현안은 친일파에 관한 것이 아니고 이념에 있음을 제시하고 있다.

4. 개작이 보여주는 문제점

함세덕은 극작술이 남다른 작가임은 분명하다. 이는 「거리는 쾌청한 가을 날씨」라는 친일극을 「고목」과 「당대 놀부전」으로 개작하여 작가 자신이 의도하는 바대로 해방공간 상황을 남로당의 이념을 위한 것으로, 친일 문제와 이념 문제로 갈등 상황을 설정하여 만들어 주는 것만 보아도 알 수 있다.

그러나 작가의 월북과 좌익으로 사상적 전환 문제는 이들 작품이 비록 박헌영이 지시한 남로당의 통일전선과 전략적인 측면을 작품화하여 수용하고 있다고 해도 함세덕이 월북 후 작품 활동이 활발하지 못했음에 비추어, 그의 사상적인 성향에 대해서는 다시 생각해 볼 여지가 있다고 본다.

즉 남로당을 옹호한 것은 분명한데 좌익으로 사상적인 전환에 분명한 이유가 나타나지 않는다는 문제점을 지닌다. 이는 당시에 무대예술을 행하던 사람들 대다수가 좌파 연하였으며, 이들 대다수가 월북을 했다는 시대적인 정황과 함께 극작술에 능란했던 최고의 작가라는 점에서 남로당의 이념을 표상했지만 좌익으로 사상적 전향 문제는 작가 진의가 의문시된다. 그리고 이 점에서 시대적 흐름에 편승하여 작가의 시대적인 통찰력이 없이 작품 창작에 임하고 있음을 보여준다고 하겠다.

작가로서 자신의 지난 행적에 대한 반성과 성찰이 없으며, 친일 작품을 그대로 원용하여 해방 상황의 「고목」을 만들고, 다시 「당대 놀부전」으로 개작하는 과정에서 보여주는 일련의 행적은 많은 문제점과 시사점을 준다 하겠다.

이러한 점에서 볼 때 제기되는 또 한 가지 문제점은 작가 작품 세계에 대한 것으로 과연 작가가 나름대로 철학을 지니고 개작에 임했냐는 사항이다.

이는 작가 작품 세계가 지향하는 바가 무엇이냐는 문제와 함께 「당대 놀부전」에서 보여주는 바와 같이 남로당 정강 정책에 부합한다는 문제점을 지닌다. 그 결과 작품 개작이 타의에 의한 것으로 작가가 행한 극작술의 기교에 그치고 마는 것이 아닌가 하는 의구심을 불러일으키는 것으로, 이것은 외국 작가와 작품 사이에서 나타나는 영향 관계와 함께 되새겨 보아야 되는 사항이다. 이는 간단한 상황 변화를 통해 친일 작품이 해방공간의 상황에 적합하게 개작되는 것에서 볼 수 있는 것이다.

함세덕은 당대 극작술이 능란한 극작가라는 것은 주지의 사실이다. 「당대 놀부전」이 미군정기 공연예술 측면에서 이념적인 문제를 친일파 문제와 대비시켜 보여주고 있는 것에서도 알 수 있듯이 짧은 시간의 개작 과정을 거친 작품이지만 잘 구성되어 있다. 그러나 아쉬운 점은 이것이 작가 자신이 지닌 창작관이나 철학에 의해 창작된 것으로 보이지 않는다는 것이다. 작가가 지닌 철학과 창작관에 의한 것이라 생각되기보다는 주변 환경에 따른 시대적 정황에 의한 이념적인 측면에서 비롯된 작위적인 개작이었다는 문제점을 드러낸다.

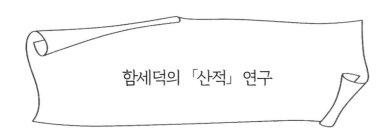

함세덕의 「산적」 연구

1. 해방정국 함세덕이 제시하는 연구의 문제점

함세덕은 작가로서 완숙기에 해당하는 때에 해방을 맞이하였다. 그래서 해방공간에서 함세덕의 극작을 보면 여러 가지 작가적인 특성이 두드러지게 나타난다.

함세덕의 경우 인천에서 상업고등학교를 졸업한 후 작가의 길을 걷기 위해 '일한서점'에 취업한다. 그리고 작가가 활동을 시작한 1930년대 후반은 동양극장을 중심으로 나타나는 대중적인 연극이 활발하게 전개되었었다. 그리고는 40년대 일제의 국민연극 시대와 1945년의 8.15 해방이라는 새로운 상황을 맞이하게 된다. 이러한 대중연극의 번성과 전쟁으로 인한 일제의 국민연극 시대를 지나 해방을 맞이하는 급변하는 어려웠던 시대적인 상황은 작가의 작품세계에도 영향을 끼친다.

함세덕에 대한 기존 연구를 살펴보면 몇 가지로 작가 연구의 쟁점 사항이 집중되는 것을 찾을 수가 있다. 함세덕이 작가의 길을 가기위해서점에 취업해서 접하게 된 다양한 외국작품과 연관된 것으로 추정되는 외국 작품과 작가와의 영향 관계이다.[11] 「산허구리」, 「무의도기행」, 「해연」, 「추석」, 「에밀레」 등의 작품과 싱그의 「바다로 가는 기사들」, 마르셀 빠뇰의 「마리우스와 화니」, 머레이의 「장남의 권리」, 다니자끼 준이찌로의 「춘금초」와 함세덕 작품에 나타나는 영향 관계에 대한 문제이다. 이것은 작가가 개인적인 사사를 받은 것인지 여부와 함께 이들의 영향 관계가 어떠한 형태로 나타나는가, 그리고 모작의 형식을 지니고 있는가 하는 쟁점을 일으킬 수 있다. 그렇기 때문에 보다 구체성을 띤 내용 대조를 통한 연구가 요청된다.

다음은 함세덕이 작가로서 자신의 작품을 지속적으로 개작했다는 점이다.[12] 그리고 개작의 양상이 기존에 발표한 작품을 책으로 엮는 과정에서의 내용 보완이나 공연을 위한 내용수정 형태를 비롯해서 변화하는 시대적 상황에 따라 내용과 구성 자체가 달라지는 등 다양한 모습을 지니고 있다.

그리고 1945년 8월 해방을 중심으로 해방공간에서의 작가의 월북과 사상적인 문제, 그리고 작품 등이 함세덕의 작품세계를 논하는 데 있어서 쟁점으로 부각된다. 특히 개작 문제는 작가의 작품세계를 1945년 8월 해방을 중심으로 전기와 후기로 나눠볼 수 있는데, 이러한 시기와 연관시켜서 작품세계에 나타나는 개작의 의미와 양상을 살펴볼 필요가 있다. 1945년 8월 이후의 작품세계는 이전의 세계와는 다른 변별력을 지니는 데, 이는 해방공간이라 지칭되는 역사적 특수성을

---

11 장혜전, [함세덕의 희곡에 나타난 외국 작품의 영향관계], [함세덕], 한국극예술 학회편, 태학사, 1995 이 논문을 보면 함세덕과 외국 작품의 영향관계를 고찰했다.
12 함세덕 희곡 개작에 대한 것은 박영정, [함세덕 희곡에서의 개작문제], 한국연극, 1994. 10 과 [함세덕 희곡의 개작 양상 연구1], 한국 극예술 연구 6집, 태학사, 1996 참조하면 일단을 알 수 있다.

지난 시대 상황의 변화와 함께 면밀하게 살펴보아야 하겠다. 이러한 시대적 조류와 밀접한 연관성을 보여주는 작품이 바로「고목」이다. 해방 이후 후기의 작품 중에 대표작이라 일컬을 수 있는「고목」은 (『문학』3호, 1947.4)「거리는 쾌청한 가을날씨」(『국민문학』, 1944.11) 를 개작한 것이다. 일제 말기에 일본을 배경으로 전쟁의 참전 독려와 물자 헌납을 조장하는 친일극을 개작하여, 반대로 일제의 잔재 제거와 봉건 잔재 제거라는 명제를 해방 직후, 미군정기의 혼란상과 더불어 보여준다. 이러한 작품 개작은 작가의 극작술과 창작상 상상력이 결여 되어서는 어렵다고 본다.[13]

함세덕의 개작에 대한 지적과 작품상의 특징은「산적」에서도 동일 하게 나타나고 있다. 함세덕의 뛰어난 극작술과 드라마트루기는 기존 작품을 환골탈태시키는 개작술에서 뿐만 아니라 프레드릭 쉴러의「군 도」를「산적」으로 새롭게 창작한 것을 통해서 완숙함의 경지를 엿볼 수가 있다.

해방공간에서 함세덕은 극단 아랑의 단원들과 제휴하여 배우인 황 철, 서일성 등과 1945년 9월 낙랑극회를 조직했다. 낙랑극회의 창단 공연은 11월 1일 독일의 극작가 쉴러 작품을 함세덕이 새롭게 창작하 여 연출한「산적」이었다. 「산적」의 성공에 힘입은 낙랑극회는 김사량 극본의「호접」, 함세덕 극본의「기미년 3월 1일」, 중국 작가 조우의 「뇌우」등을 제작했다. 「산적」은 단순 번역이 아닌 번안을 넘어서는 작업인 번안 개작을 뛰어넘는 새로운 창작을 한 것이다. 「산적」은 해방직후 처음으로 무대에 올라간 공연이라는 의미를 지니고 있다.

---

13 김동권, 「함세덕 희곡의 개작과 그 의미, 건국어문학제23/24합집,1999,
　김동권, 「당대몰부전」이 보여주는 함세덕 연구의 문제점, 이상우 엮음『함세덕연구』,
　세미, 2001 260-261쪽 참조

해방공간의 작품을 소재와 주제에 따라 나누어 보면 식민지 시대 뿌리 뽑힌 삶의 재현과 해방을 맞이하는 해방의 기쁨보다는 해방 후의 혼란 상과 세태를 보여주고, 해방 후에 다시 등장하는 친일파 문제, 그리고 항일투쟁과 국난 극복을 민족의 정통성과 계승성을 이어주는 역사극 이 등장하고 분단의 문제를 형상화한 것이 나타난다.[14]

함세덕이 해방공간에 맨 처음 공연을 했고, 그 대상 작품을 프레드릭 쉴러의 「군도」를 택해서 「산적」으로 번안 개작을 넘어 새롭게 창작하 고 이를 공연했다는 사실에 함축된 의미는 무엇인가? 라는 의문점이 있다. 이러한 의문에 대한 해답은 번역이 아닌 번안 개작이라는 문제와 모티브를 차용한 창작이라는 점과 연관이 있을 것으로 추정된다. 단순 한 번역이 아니 번안한 작품이 아닌 함세덕식의 개작을 넘어 창작을 행했다는 것은 작품에 남다른 의미를 부여하고 있다고 볼 수 있겠다.

함세덕이 「산적」을 번안개작이 아닌 모티브를 차용한 창작을 하여 무대에 올리기까지에는 절대적인 시간이 넉넉하지 못했다. 낙랑극회 에서 「산적」을 공연한 시간을 계산해 보자. 1945년 8월 해방되고, 함세 덕이 극단 아랑 출신 배우들과 낙랑극회를 조직한 것이 9월이었다. 「산적」을 무대에 올린 것이 11월인 점을 역으로 계산해 보면, 공연을 올리기로 결정하고, 작품을 선택하고, 모티브의 차용한 창작 과정을 거쳐서 공연을 위한 준비기간이 합해서 2개월 정도밖에 안 된다. 작품 연습과 모티브를 차용한 창작 기간을 양분한다 해도 각각 1개월 남짓 한 시간에 모든 일이 이루어진 것이다.

5막에 이르는 장편을 번역하기도 쉽지 않은 시간에 번안을 넘어서 모티브를 차용한 창작을 해서 무대에 올린 이유가 무엇일까? 하는

---

14 김동권, 「40년대 후반기 희곡 연구」, 『해방공간 희곡연구』, 월인, 2000, 72-73쪽 참조

의문이 든다. 단순 번안이 아닌 모티브를 차용한 새로운 창작에 대한 의미와 작가의 의도는 모티브를 차용해 창작한 작품을 분석해 보면 작가의 의도와 연관성을 엿볼 수 있을 것이다.

함세덕은 해방공간의 상황에서 「고목」, 「당대놀부전」 등과 같은 자신의 기존 작품을 개작하여 발표하였다. 함세덕은 자신의 삶에 있어서 해방 전후를 통해 볼 때에 두드러진 이념적인 성향이 드러난 적이 없다. 그런데 월북을 하였다. 「당대놀부전」과 같은 일련의 작품에서 남로당에 노선에 대한 지지 성향이 나타나지만 이것 역시도 작가의 사상적인 이념에 의한 것이라 보기에는 의문이 남는 사항이다.

함세덕의 뛰어난 극작술이 작가의 정신세계와 연관성에 있어서 작가의 일관된 창작관에 의한 결과물이냐 하는 점에 의구심이 있는 것이다. 작가의 작품에 나타나는 작가의 세계관이 단순한 극작술에 의한 기교에 머무는 것인지, 아니면 고뇌에 찬 작가의 창작적 산물인지 여부가 규명될 필요성이 있다. 실러의 「군도」를 번역이 아닌 번안[15]을 넘어 모티브를 차용해 창작을 하였다.

번안의 사전적 정의를 보면, 외국 작품의 줄거리는 그대로 두고 풍속·지명·인명 등을 자기 나라의 것으로 고친 것을 말한다. 단순 번안이 아닌 모티브를 차용한 창작[16]이었다는 점은 작가의 창작상의 의도

---

15 번안의 사전적 의미 ; 원저작물의 본질적 내용이나 줄거리는 바꾸지 않고 그 표현형식만 고쳐서 별개의 저작물로 개작하는 것. 외국의 소설, 희곡 등에서 그 줄거리는 그대로 하고, 시대적 배경·장소·등장인물의 성명과 신분 등만을 자기나라의 것으로 바꾸어 제목이 다른 별개의 작품으로 만드는 것을 말한다. 번역과는 다르다. 번안해 놓은 소설은 번안소설, 희곡은 번안희곡, 책은 번안서라고 한다.(네이버 지식백과)

16 개작의 의미 ; 이미 간행 또는 발표된 책이나 각본 등의 원저작물의 내용을 수정하거나 다른 형식으로 다시 만드는 것. 예를 들어 고전(古典)의 내용을 시대에 맞게 고쳐 쓰거나, 성인용 도서를 아동용으로 고쳐쓰는 것 등을 말한다. 개작을 할 경우에는 원저작물의 주제가 완전히 상실되어서는 안되며 원저작자로부터 개작권을 얻어야 한다. 개작한 도서는 개작서(epitome)라고 한다.(네이버 지식백과)

가 있음을 보여준다.

모티브를 차용한 창작의 원인이 작가의 창작적인 의도가 있다는 점에서 보면 함세덕의 「산적」은 「군도」의 번안 수준을 넘은 새로운 창작적인 요소가 가미된 모티브를 차용한 창작이라는 점에서 작가의 의도를 살펴볼 필요성이 있다. 번역이 아닌 번안을 넘어 모티브를 차용한 창작을 통해 새로운 창작적인 요소가 가미된 이유와 해방정국의 정치적인 시대적 상황과 연관성이 있다고 하겠다.

이러한 해방공간의 문제적 작가인 함세덕의 「산적」을 쉴러의 희곡 「군도」와의 비교와 대조를 통해서 두 작품의 상관관계와 함세덕의 창작 의도를 살펴보고자 한다. 해방공간의 혼란기에 이해랑이 지적한 것처럼 "해방 후 연극계의 첫 번째 성과"로 "지방에서도 가는 곳마다 인산인해를 이루어 극장이 터져나갈"[17] 정도의 히트를 친 「산적」을 통해 해방공간에서 함세덕이 보여주고자 한 창작과 공연 의도를 살펴보도록 하겠다.

2. 「산적」과 「군도」의 구성 비교

「산적」은 쉴러의 희곡 「군도」를 단순하게 번역한 것이 아니라 번안 단계를 넘어 모티브를 차용한 창작의 면모를 지니고 있다. 작가가 작품을 번역하는 단계를 넘어서 창작적인 면모가 있는 모티브를 차용한 창작을 하였다는 사실은 작가의 숨은 의도가 있다고 본다. 해방공간이라는 시대적 상황에 비춰보면, 해방 이후 첫 공연이고 낙랑극회의 창단

---

17 이해랑, 『허상의 진실』, 새문사, 1991, 307-308쪽

공연이라는 사실에서 더욱 분명하게 작가의 숨겨진 창작 의도가 있을 수 있다고 본다.

그래서 이 두 작품을 1차적으로 단순하게 구성을 비교해 보고자한다. 이들 두 작품 간의 구성을 살펴보면 상호 간의 모티브의 차용과정에서 나타나는 다른 사항을 통해서 작가의 의도의 일단을 엿볼수 있을 것이다. 작품 배경과 내용 구성, 인물 간의 갈등 상황, 사건과모티프 등을 비교해 보면 작품 속에 나타나는 작가의 숨은 의도와작품의 모티브를 차용한 창작한 이유를 살펴볼 수가 있으리라 본다.

그래서 먼저 작품의 배경과 작품 길이, 인물 간의 갈등 구조와 사건과 모티프를 비교해 보고자 한다. 이를 통해 작가가 왜 해방공간의상황에서 쉴러의 「군도」를 「산적」으로 모티브를 차용한 창작을 하여공연을 올렸는가 하는 의문에 대한 답을 엿보고자 한다.

2.1 배경과 작품 길이

쉴러의 「군도」에 나오는 배경과 장소는 1780년대부터 1800년대 독일 봉건영주제가 시행되던 약 2년간이다. 「산적」의 배경은 고려조중기 약 2년간이다. 고려는 935년 신라가 멸망하고 936년에 건국되었고 이씨 조선왕조가 1392년에 시작되었으니 연대기적인 측면에서의시대적인 배경의 비교는 어렵다고 본다. 그렇다면 작품의 배경이 되는시대적 상황의 유사성은 영주제하의 독일과 중앙집권제가 아닌 지방호족 세력에 의한 지방분권제가 시행되던 고려시대라는 점에서 정치적인 상황에 유사성이 있다고 본다.

시대적 배경을 고려로 한 것은 봉건영주제와 유사한 지방의 호족

세력이 존재하던 상황의 유사성에 의한 것이라 하겠다. 작품의 길이도 5막으로 같다. 단순한 시대적인 시간상의 동일성을 찾고자 한 것이 아니라 정치 사회적인 측면에서 봉건영주제와 지방 호족이 존재하는 정치 사회적인 상황적인 유사성을 가지고 배경을 설정하였다고 본다. 두 작품의 각 막의 길이와 배경을 도표화해 보겠다. 실제로 배경과 막과 장의 변화를 살펴보는 것도 두 작품의 연관성에서 상호간의 관계를 파악하는 데 많은 도움이 될 것이다.

막의 전환과 장의 변화는 공연된 작품의 속도감과 관객의 관람의 편의성과 연관성이 있다.

	군도	산적
1막	1장 프랑켄 모어성의 홀 2장 작센변경의 주막 3장 아말리아 방	랑림산중 어느 조그만 무대
2막	1장 프란츠 폰 모어백작 방 2장 모어백작 침실 3장 보헤미아 숲	십일 후 대정 왕치겸 저택
3막	1장 성의 정원 2장 도나우강 근처	랑림산중 도적 산채
4막	1장 칼성 근처 시골 2장 성의 화랑 3장 성의 다른방 4장 성의 정원 5장 성 근처의 숲	2년 후 왕치겸의 댁, 천향궁
5막	1장 성안 밤 2장 4막 1장과 같은무대	낭림봉의 도적산채

「군도」는 막과 장의 길이가 5막 15장으로 나뉘어져 있다. 이는 최소한도 15번의 장면 전환이 필요함을 의미하는 것이다. 보통 같은 막에서는 장의 변화에 따라 등장인물의 변화만 있고, 장면의 전환이 불필요한 경우가 많다.

그러나 쉴러의 초기작인 「군도」는 같은 막 안에서도 장에 장면의 변화가 있어서 무대 전환이 필요한 상황이다. 막은 본래 장면의 변화와 함께 등장인물의 변화가 있는 것이 특징이고, 장은 같은 장면에서 등장인물의 변화만 있는 경우가 많다. 그런데 쉴러의 작품에는 같은 막에서도 1막에서는 1장과 2장 3장에서 모어성의 홀과 주막, 그리고 아말리아 방이라는 장소의 변화가 이어지고 있다. 2막의 경우에는 1장과 2장의 방과 침실에서 3장에서는 숲의 장면으로 장소의 변화로 장면 전환이 필요하다. 이러한 잦은 장면 전환을 작품의 공연할 경우에 작품의 흐름을 방해하는 요소가 될 수 있다.

「산적」은 5막으로 되어있으나 막의 전환은 있지만 장의 전환이 없다. 이는 함세덕이 의도적으로 공연 시에 극의 흐름을 저해하는 요소를 없앤 것으로 보인다. 이러한 공연을 전제로 한 배경의 설정과 막의 전환은 있으나 장을 없앤 것은 일면 작품의 흐름을 빠르고 원활하게 만든 것이라 할 수 있겠다. 회전무대가 있는 연극 전용 극장이 거의 없던 무대 상황을 고려한 현실적인 구성이라고 할 수 있겠다.

이러한 실제 공연을 생각하고 작품을 창작한 면모는 대본상에 나오는 언어에서도 나타난다. 실제로 대본상에 나오는 언어는 문어체가 아닌 구어체라는 점이다.

예문1)

부소 : 끌려나와 한참 보드니 달려간다. 이윽고 다시 들어오며

부소 : 당신말 어났어요?

수피달 : 어서나다니? 무슨 말을 그렇게 섭섭하게 하우

부소(쏘는 듯이) : 어서 났어요?

수피달 : 어서 나다니? 나긴 샀지

부소 : 샀어요?

수피달 : 응 아니 산게 아니라… 집에서 기르던.. 응… 참 타고댕기든

예문2)

즙 : (낭중에서 봉서을 꺼내서 아버지의 앞에 놓으며) 아버지, 저는 이번
일에 대해서 전면 모르는척 할려구 했었습니다. 형 한분에 관한일
이 아니라, 우리 가문의 흥망에 관게된 일이라, 입을 봉하구 영원이
비밀에 붙일려구 했었읍니다. 그러나 아버님께선 저이들에게 공과
사를 결코 혼동치 말라 교훈해오지 않으셨읍니까? 제가 함구하구
진상을 이야기 않하면, 사를 위하야 일국의 대사를 헤아리지 않는
것이 됨으로 눈물을 먹음고 이야기했든것입니다. 이것을 보시면
만사를 수긍하시게 될것입니다.

왕치겸 : (떨리는 손으로 편지를 펴다) 들어가 안경 갖어 오너라

예문1)과 예문2)의 인용구문을 보면 전체적으로 소리 나는 구어체를
대사로 쓰고 있음을 볼 수 있다. 작품을 쓰면서 당시에 통용되는 구어
체로 소리 나는 대로 쓴 것은 무대에서 공연할 경우에 배우와 관객의
작품에 대한 이해와 소통을 전제로 하고 작품을 썼다는 반증인 것이다.
함세덕은 쉴러의 작품을 모티브를 차용해 창작하면서도 무대를 상
상하고 공연이 올라갈 때의 장면 전환과 배우들이 구사하는 언어 등을

염두에 두고 작품을 창작하였음을 보여주는 것이다. 5막 15장의 작품에서 장을 없애고 막으로 구성된 형식을 취한 것이나, 구어체를 구사한 것은 현실적인 공연무대 상황을 이해하고 고려해서 창작에 임했음을 보여주는 것이다.

2.2 작품 구성과 줄거리

쉴러와 함세덕이 쓴 「산적」과 「군도」의 작품의 대강을 살펴봄으로써 두 작품에 대한 모티브를 차용해 창작한 정도를 살펴보기로 하겠다.

구성과 줄거리를 살펴보고 인물과 갈등 구조, 그리고 모티프를 살펴보면 두 작품 간의 상이점을 보다 쉽게 찾아볼 수 있으리라고 본다. 나아가 해방공간에서 함세덕이 왜 「군도」를 모티브를 차용해 창작하였나 하는 의문에 대한 접근도 가능하리라 본다. 먼저 「군도」와 「산적」의 줄거리와 구성을 살펴보기로 하겠다.

「군도」[18]

〈1막〉

1장 프랑켄. 모어성의 홀. 프란츠와 모어백작 등장. 모어백작은 칼의 소식을 기다림. 프란츠가 라이프치히에서 보냈다는 자신이 조작한 편지를 가지고 칼이 추악한 행위와 악행으로 체포령과 현상금 걸린 수배령이 내려졌다고 모함하여 모어 백작의 칼에 대한 애정과 사랑을

---

18 프리드리히 실러, 홍경호 역, 『군도』, 범우사, 2002 본 연구에 군도는 범우 희곡선의 번역본을 교재로 하였음.

갈라놓으려고 함. 동생 프란츠가 조작된 편지로 칼과 모어백작 사이를 이간질함.

2장 작센변경의 주막. 칼 폰 모어는 책을 읽느라 정신이 없고 슈피겔베르크는 탁자에서 술을 마시고 있음. 칼은 슈피겔베르크와 어린 시절 이야기를 하고 있음. 슈바르츠가 칼에게 오는 편지를 가지고 옴. 동생이 아버지와 이간질시키려고 조작한 편지를 받고 도적이 되길 결심함.

3장 모어성안. 아말리아 방. 프란츠가 아밀리아에게 사랑 호소. 칼이 아밀리아 버렸다고 함. 아밀리아 칼에 대한 변함없는 사랑 보여줌.

〈2막〉
1장 프란츠가 이간질로 쉽게 목적달성이 안되자 모어백작을 위해하려고 헤르만을 통해 형에 대한 간계를 다시 계획하고 모의함.

2장 모어백작 침실, 아밀리아와 모어백작 등장, 프란츠가 헤르만을 데리고 등장, 헤르만 칼이 죽었다고 함. 증거로 형 칼이 쓰던 혈서를 쓴 칼을 제시함.

3장 보헤미아 숲, 도둑들 등장, 도둑 대장이 된 칼이 직접 교수형 당하는 부하 롤로를 구출해 옴. 기병대가 도둑떼를 공격해 옴. 신부가 등장해서 자수하라고 함. 두목을 붙잡아 바치면 사면해준다 함. 이에 동조한 부하도적이 배신하자 다른 도적이 처단하고 기병대와 대항하여 싸움.

〈3막〉

1장 성의 정원, 아말리아 등장, 프란츠 아말리아에게 사랑 호소, 헤르만 등장하여 칼이 살아있다고 고백, 아말리아는 프란츠를 피해 수도원 가겠다함.

2장 도나우강 도적들, 코잔스키 도적이 되고자 찾아옴. 칼, 코잔스키 통해 모어백작과 아말리아 이야기 전해 들음. 프란츠를 응징하려 도적들 이동.

〈4막〉

1장 모어성 부근, 칼은 백작으로 위장하여 모어성에 찾아감.

2장 백작으로 위장한 칼과 아말리아 만남. 프란츠는 칼 백작을 의심함.

3장 집사인 다니엘이 칼을 알아봄. 칼은 동생을 생각해서 저녁에 성에서 퇴각하고자 함.

4장 모어성안 공원에서. 칼이 아말리아 만나서 자신의 처지를 빗대서 아말리아에 대한 사랑을 이야기함.

5장 숲속, 무너진 성. 칼과 도적들 떠나려 함. 헤르만이 모어백작에게 빵을 가져주려다 칼에게 발각됨. 칼은 프란츠에 의해 버려진 아버지를 보고 프란츠를 응징하고자 모어성을 공격하고자 함.

〈5막〉

1장 모어성안 많은 방. 어두운 밤. 다니엘이 등불과 보따리를 들고 떠나려함. 모든 하인들 도망감. 프란츠 불안해서 목사를 부르지만 도움이 안됨. 공포감과 신경쇠약에 계속해서 불안에 떨다가 도적들이 쳐들어오자, 도망가려고 다니엘을 뒤쫓다가 자신의 모자 금줄에 목을 졸라 죽음. 시바이처는 두령과의 약속을 지키려(반드시 프란츠를 살려서 잡아오거나 싸우다가 전사하라고 함) 자살함.

2장 4막 1장과 같은 무대. 칼이 모어백작과 마주 앉아 있음. 칼은 스스로 자신에 대해 회의감을 느끼고 도적들과 결별하고자 결심. 사랑을 호소하는 아말리아도 죽이고 자신이 도적으로서 지은 죄를 단죄받기 위해 자수하러 떠남.

「산적」[19]

〈1막〉

장면1) 낭림산중에 사는 염노인과 부소가 기르던 말을 도적맞은 사건 발생. 낭림산 도적인 장강이 염노인의 말을 훔쳐간 것을 수피달이 다시 훔쳐서 염노인의 딸인 부소에게 팔려다가 사건의 전모가 드러남.

---

19 함세덕, 「산적」, 낙랑극회 1945. 본 대본은 아단문고에 소장된 자료로서 필자가 디지털 카메라로 찍어서 내용을 필사한 것임. 이 자리를 빌어서 아단문고 관계자에게 감사의 말씀을 드린다.

장면2) 수피달과 도적들 모여서 도적단 조직함. 도적단은 조공가는 사신일행을 습격해서 공물을 약탈하려고 모의함. 사신행렬 구경 간다고 나섰던 부소가 장에서 오는 사람을 만나서 사신일행이 도적떼를 만나 몰살당했다고 전함.

장면3) 염노인이 사신일행 중 대장인 가를 구해서 집에 옴. 도적단 일행이 가를 만나자 도적단 두령이 되어 달라고 함. 가는 한시가 급한 몸이라고 이들의 청을 물리치고 바로 서울 개성으로 떠남

〈2막〉

장면4) 시녀들의 이야기를 통해서 가가 최주후 일당의 간계로 도적을 맞은 척하고 막대한 봉물을 가지고 행방을 감춘 것을 전달함. 둘째 아들 즙이 조작한 편지를 가지고 아버지인 왕치겸에게 형인 가가 조공물품을 가지고 도당을 결성했다고 거짓말을 함.

장면5) 나모나에게는 하천한 계집과 정을 통하고 나모나의 패물을 주었다고 모략함. 이러한 편지에도 믿지않고 아버지 왕치겸이 직접 현장에 가서 확인하겠다고 하자 다시 2번째 계획으로 가장한 가짜 호위군졸을 통해서 호국장군 왕가대군이 배반한 부하의 손에 죽었음을 거짓 증언함. 엄의 칼 등장 칼에 글씨 '아버지 불효를 용서하십쇼. 아우 집이를 내대신 연경에 사절로 보내주십쇼' 뒷면의 글은 ' 나모나야 내동생을 나와 같이 생각하구 사랑해주어라' 왕치겸대감 이를 보고 큰아들 가의 죽음을 위로하고 제사지내러 절에 감. 계략에 성공한 최주후와 즙은 연경사신을 가려고 입궐함.

장면6) 뒤늦게 집에 등장한 엄은 집에 혼자 남아있던 유모 담씨에게

사정이야기 듣고 동생을 생각해서 장자의 권리 양보를 결심하고 유모 담씨에게 잘있으라 인사하고 다시 낭림산골로 떠남.

〈3막〉

장면7) 절에 찾아가서 승병과 주지를 붙잡아서 가의 사신일행의 공물을 강탈한 이유를 청취함. 대승 최주후와 은청관록대부 집대군이 시켜서 한 것으로 대승 최주후가 겁탈한 후에 첩으로 삼은 여승도 절에 있음. 절에서 가의 도적 두령 취임식을 거행.

장면8) 기마군대가 도적을 소탕하러 옴. 두령을 잡아오면 사면해준다는 말에 장강이 배신하여 두령엄을 묶으려하자 수피달이 장강을 죽이고 대적하여 싸움.

〈4막〉

장면9) 도적 두령 엄이 아버지 상청에 2년만에 조문하여 분향함. 나모나에게 최주후와 사냥에 나섰다가 돌아가신 사연을 들음.

장면10) 즙과 최주후가 엄을 알아봄. 즙이 형인 엄을 죽이려하다가 자신의 죄를 뉘우치고 용서를 해달라고 하고는 자신의 목을 찌르고 자살함. 엄은 최주후를 사로잡아 낭림산으로 돌아감.

〈5막〉

장면11) 엄, 최주후를 앞세우고 낭림산으로 돌아오다가 최주후를 자기 아버지가 돌아가시게 한 것과 같이 최주후가 탄 마차를 벼랑에 떨어트려 죽게함.

장면12) 나모나와 시녀들이 엄을 찾아옴. 나모나가 청향궁 집에 가자고 함. 수피달이 듣고 배반은 안된다함. 엄이 산에 남겠다고 하자, 나모나가 자신과 도적단 중에 양자택일을 하라고 함. 어느쪽도 선택할 수 없다고 하자 나모나가 자신을 죽여달라고 함. 그러나 도적들이 나모나가 도적이 되면 같이 행복할 수 있다고 하자 나모나가 도적이 되겠다고 함. 도적단 일행이 된 나모나가 조정이 두패로 나뉘어서 파벌정치로 어려우니 탕쟁파벌로 역적을 몰아내자고 함. 서울로 진군함.

두 작품의 5막극 형식으로 된 것은 동일하지만 실제 내용과 장을 나눠보면 「군도」는 15장으로 되어있고, 「산적」은 5막을 장면 단위로 나눠보면 모두 13장이 된다.

2.3 주요인물의 성격과 역할

실러의 「군도」에 나오는 인물을 보면, 막시밀리안 폰 모어 백작(모어의 영주), 칼; 백작의 큰아들, 프란츠; 백작의 작은 아들, 아말리아 폰 에델라이히; 칼의 애인, 슈피겔베르크; 무뢰한 나중에 도적이 됨, 시바이처, 그림, 란츠만, 슈프테를레, 롤러, 코진스키, 슈바르츠 모두 도적이 되는 인물임. 헤르만 어느 귀족의 사생아, 다니엘 폰 모어 백작댁 하인, 모저 목사, 신부 등이다.

이들 인물 중에 사건과 갈등을 일으키는 주요 인물은 폰모어 백작과 큰아들 칼과 프란츠라는 작은아들, 칼의 애인인 아말리아이다. 사건을 일으키는 인물 간의 대립 구도는 차남으로 태어난 것이 불만인 영주 계승을 원하는 둘째 아들 프란츠가 형인 칼에 대한 반감으로 영주인 아버지 모어 백작 간의 사건이 주된 갈등이다. 프란츠가 형과 아버지 사이를 이간질시켜 자신이 형의 자리에 올라가는 것이다. 그리고 아말리아의 사랑 이야기가 부차적으로 등장한다. 형의 약혼녀인 아말리아를 동생인 프란츠도 사랑하는 사랑의 삼각관계가 설정되어 있다.

「군도」에서 모든 갈등과 사건을 일으키는 주체는 동생 프란츠이다. 프란츠가 동생으로서 형에게 빼앗겼다고 생각하는 장남이 가지는 지위와 권리를 차지하기 위해 아버지와 형 칼 사이를 이간질시키고, 자신이 사랑하는 형의 약혼녀인 아말리아를 차지하기 위해 모략을 꾸민다. 도적단을 만든 칼과 도적 간의 갈등 관계와 도적과 정부 당국과의 갈등 등은 부차적인 사항이다.

「산적」에 나오는 인물을 열거해 보자. 등장인물은 왕치겸 정1품, 대신, 왕의 질제. 가 장남 종3품 운마장군, 낭림 도적수령, 엄의 후신, 섭 차남 은청광림대부, 나모나 여진추장의 딸 치겸의 양녀, 수연 엄의 시녀. 최주후 대승, 담씨 가의 유모, 파금 섭의 시녀, 금적, 은적 나모네의 시녀. 수피달 무령화 후에 도적, 청룡, 백호, 주작, 현무, 염노인, 부소, 가장한 병, 기타 도적들 승려들 등이다.

「산적」에 나오는 인물을 보면 「군도」에 등장하는 인물들과 역할과 상황이 서로 엇비슷한 형태로 설정되어 있는 것 같다. 남성 중심의 가부장적 사회에서 장자의 권리 계승을 놓고 형과 아우가 대립 갈등하는 설정이 서로 비슷하다. 그러나 인물의 내면적인 상황을 살펴보면 서로 다른 바가 나타난다.

왕치겸의 큰아들인 가가 연경사절단의 대표로 연행을 가던 중에 낭림산에서 도적을 만난다는 상황 설정 부분은 다르지만 큰아들 가와 둘째 아들 섭과의 대립과 갈등이라는 설정은 같다. 그리고 형의 약혼녀를 동생도 사랑한다는 삼각구도는 나모나를 상대로 구성되어 있다.

다만 「산적」둘째 아들 섭이 형과 대립한다는 갈등 구도가 「군도」에서는 모든 갈등의 주체인 프란츠가 음모를 기획하고 구상하여 실행에 옮긴다면, 「산적」에서는 섭의 배후에 아버지인 왕치겸과 대립하는 대승 최주후가 존재한다는 사실이 다르다. 갈등의 주체가 섭이 아니라 최주후이고 섭은 갈등에 부차적인 존재인 것이다.

「군도」에서 칼이 직접 도적단을 조직하는 형태이지만, 「산적」에서는 도적들이 도적단을 결성하고 가를 두령을 영입하는 형태로 나타난다. 주인공이 필요에 의해 직접 도적단을 결성하는 자의적인 의지의 발현이라는 측면이 「군도」에서 나타난다면, 「산적」은 결성된 도적단에 두령으로 제안을 받아 자신이 이를 수락한다는 적극성과 자의적인 자신의 의지라는 측면에서 차이가 있다.

두 작품에 나오는 주요 인물을 도표로 만들어 보면 다음과 같이 엇비슷하게 설정되어 있다. 그러나 내면적인 성격과 행동은 각기 다르게 나타난다.

군도	인물/역할/성격	산적
막시밀리안 폰 모어 백작	아버지	왕치겸 정1품, 대신, 왕의 질제
칼	큰아들	가 장남 종 3품 운마장군, 낭림 도적수령, 엄의 후신
프란츠	작은아들	섭 차남 은청광림대부
아말리아	큰아들 약혼녀	나모나 여진추장의 딸 왕치겸의 양녀

「군도」에 나오는 아버지인 모어 백작은 큰아들인 칼을 사랑하고 믿고 있지만, 아들에 대한 신뢰와 의지가 아주 강하지는 않다. 아들이 도적단에 두목이 된 사실과 죽었다는 거짓된 사실에 충격을 받아 의식을 잃는다. 「산적」에 등장하는 왕치겸은 큰아들이 사고를 쳤다는 소식에 바로 현장에 달려가려고 행동하는 것처럼 능동적이고 절대적인 신뢰를 지니고 있다.

모어 백작이 갈등과 대립에서 나약한 모습을 보여주고 있다면 왕치겸은 강인한 모습과 굳은 신뢰감을 보여준다.

이러한 등장인물의 성격적인 차이는 큰아들에서도 나타난다. 칼은 외골수적이고 자유분방한 성격과 행동으로 문제를 야기하는 인물이다. 그렇지만 실제 행동면에서는 강인해 보이면서도 나약하고 우유부단한 모습이 보인다. 반면에 엄가는 장남으로서 책임감 있는 행동과 동양적인 영웅 성향의 면모를 보여준다. 장자로서 책임을 다하고자 하는 점과 동생에 대한 배려와 양보심 등이 엿보인다.

작은아들인 프란츠는 작품에서 전체 갈등의 주체이다. 패배주의와 열등의식을 지닌 차남으로서 장자의 지위를 쟁취하기 위해 형과 아버지를 적극적으로 이간질시켜서 자신의 목적을 달성한다. 사건의 전면에 나서서 적극적이고 능동적으로 행동해서 쟁취하지만 결국에는 고독하고 외롭게 고립된 정신이상자의 광기와 결말을 보여준다.

반면에 섭은 갈등의 주체라기보다는 차남이 지닌 약점을 이용하여 갈등을 부추기는 대승 최주후의 꼭두각시 대리인으로 존재한다. 대승 최주후가 왕치겸을 넘어서 정권을 잡기 위해 큰아들 가를 제거하는 사건을 모의하는 데 가담하여 장남의 권리를 획득하는 데 성공한다.

그러나 갈등의 주체가 아니고 소극적인 성격에 형과 아버지의 죽음에 대한 죄책감을 보여준다. 내면에 가족에 대한 의리와 신뢰를 지니고 있는 것이다.

아말리아는 칼과 결혼을 약속한 사이이다. 칼에 대한 사랑을 지니고 있어서 동생인 프란츠의 구혼을 물리치는 모습을 보여준다. 그러나 결말에 있어서 사랑을 구걸하다가 사랑을 위해 칼의 손에 죽음을 당하는 모습을 보여준다.

반면에 「산적」에서 나모나는 보다 사랑에 있어서 보다 적극적인 모습을 보여준다. 가에 대한 변치않는 사랑을 보여주면서 도적단 두목이 되어 나타난 가의 후신인 엄을 찾아가 사랑하는 사람의 사랑을 쟁취하는 적극적인 모습을 보여주고 있다.

2.4 사건의 모티프

「군도」와 「산적」에 이야기를 이어가는 사건의 모티프를 살펴보기로 하겠다. 두 작품은 형제간의 갈등을 중심으로 만들어져 있다. 두 형제간의 관계를 대립 관계와 형의 약혼자를 사이에 두고 서로 사랑하는 삼각관계의 구도가 설정되어 있다. 이를 도구가 여러 가지 등장하는데 먼저 편지가 있고, 형이 사용하던 칼이 등장한다. 도적단을 구성한 뒤에 기병대와 관군의 도적 떼 토벌 장면과 이로 인한 측근 도적의 배신과 처벌로 도적단의 단결이 강화되는 장면 등이 있다.

「군도」는 큰아들 칼과 둘째 아들 프란츠 사이에서 프란츠가 칼과 아버지 모어 백작 사이를 이간질 시켜 후계자 자리를 차지하는 내용이다. 여기에서 사건과 갈등의 매개체는 편지이고 갈등 상황은 프란츠와 아버지 모어 백작, 칼의 애인 아말리아와의 대립구도로 되어 있다. 물론 프란츠와 칼의 대립이, 프란츠에 의한 형제간의 갈등이라는 원초적인 대립이 자리 잡고 있다. 자유분방한 칼은 자신의 이상을 좇아서 집을 나선 후에 아버지인 모어 백작에게 용서를 구하고 돌아가려 하나 동생인 프란츠가 중간에서 이간질을 시켜서 형과 아버지인 모어 백작과의 갈등을 증폭시킨다. 칼의 봉건영주제에 대한 대립으로 추구하는 이상이자 가치관은 자유에 대한 열망이다.

　부자지간과 형제지간의 대립 갈등 상황은 「산적」에서도 동일하게 나타난다. 왕치겸은 후사가 없는 왕의 질제이다. 왕과 가까운 인척으로 왕위 계승이 가능한 위치에 있다. 연경에 사신을 다녀오면 결혼 후에 차기 대권을 물려받을 왕치겸의 큰아들 엄을 대신하여 후계자 자리를 차지하려고 둘째 아들 섭이 엄을 곤경에 처하게 한다. 연경사절단의 대표인 엄 일행을 도적이 습격하는 사건과 음모에 가담한다. 왕치겸은 왕의 질제로써 대신이고 실세이다. 때문에 후사가 없는 병든 왕의 후임으로 왕치겸의 큰아들이 유력하다. 바로 차기 왕이 될 수 있는 자리를 차지하기 위해서 둘째 아들 섭은 최주후의 음모에 가담하는 것이다.

　모티브를 차용한 창작인 「산적」과 「군도」는 작품상에 상이점이 있다. 「군도」에서는 사건의 갈등과 음모의 주체가 둘째 아들로서 열등감을 지니고 있는 존재인 프란츠가 사건의 능동적 주체이자 주인공이다. 「군도」의 프란츠는 모든 음모의 주동자인데, 「산적」에 등장하는 동생 섭은 음모의 주동자라기 보다는 오히려 소극적인 가담자이고 모든 사건을 주도하는 사건과 갈등의 진정한 주체는 왕치겸 대신과 정치적인 대립과 적대관계인 대승 최주후이다.

「군도」에서 칼과 대립하는 동생인 프란츠가 아버지와 형인 칼을 이간질시키기 위해 작성한 편지를 읽고 낙담하여 도적이 된다는 상황 설정을 보여준다. 그리고 모어 백작에게는 형인 칼이 죽었다고 하면서 증거로 칼이 사용하던 칼에다 혈서를 남겨서 아버지와 형의 애인인 아말리아가 거짓된 정보를 믿게 만든다.

이러한 편지와 칼이라는 매개체를 모티프로 하는 사항은 「산적」에서도 동일하게 사용되고 있다. 「산적」은 큰아들 엄이 중국에 사신으로 가는 도중에 도적의 습격으로 중국에 가져가던 봉물과 부하들을 잃은 사건이 엄의 사전에 계획된 모반이었다는 누명을 씌우는 매개체로 편지와 칼을 등장시킨다.

예문 3)

왕치겸 : 대체 증거가 뭐냐?

즙 : 낭중에서 봉서를 꺼내서 아버지의 앞에 놓으며) 아버지, 저는 이번 일에 대해서 전면 모르는척 할려구 했었습니다. 형 한분에 관한일이 아니라, 우리 가문의 흥망에 관계된 일이라, 입을 봉하구 영원이 비밀에 붙일려구 했었읍니다. 그러나 아버님께선 저이들에게 공과 사를 결코 혼동치 말라 교훈해오지 않으셨읍니까? 제가 함구하구 진상을 이야기 않하면, 사를 위하야 일국의 대사를 헤아리지 않는것이 됨으로 눈물을 먹음고 이야기했든것입니다. 이것을 보시면 만사를 수긍하시게 될것입니다.

왕치겸 : (떨리는 손으로 편지를 편다) 들어가 안경 갖어 오너라

즙 : 제가 읽어드리겠읍니다. (닑는다) 전략, 형님과 헤여진후 향리에

돌아와 청경우독으로 소일코 있습니다. 뜻하지않은 풍문을 들었삽기에 형님께 전해야 졸지 않해야 졸지 망서렸으나 백씨께 관한 이얘기라 간단이 진상을 물을겸 일필합니다

왕치겸 : 대관절 이 글의 남자가 누구냐

즙 : 보만이라구 대상 도선야의 둘째 아들입니다. 요전 저와같이 과거시험을 보았다 낙제해서 아주 향리로 내려갔었든 것입니다. 저이집에두 각금 놀러 왔었음으로 아버님께서두 보시면 잘 아실겁니다

왕치겸 : 어서 계속해 읽어라

즙 : 원제 황태자경축사절로 백씨께서 뽑히시어 조공가시든 중 *역과 *역사이에서 불의의 도나을 맞이셨단 소문은 이 고을에도 쫙 퍼졌었음으로 내심 적지않게 걱정하구 있압든중 작안 제의 집에서 부리는 하인하나가 마을에 갔다오는중 산중에서 왼사나이를 맞났었다합니다. 그사나인 숫한 필묵과 금은보기를 내놓으며 자기들과 앞으로 일을 같이한다면 이물건을 주겠다구 했다합니다. 보니 필목의 포지와 그릇의 상가에는 사위사(공물기계를 관하는 곧)의 도장이 찍혀있었다 합니다. 그래서 불연듯 겁이나서 일단 도라가 주인과 해약을 하고 와서 정식으로 참가하겠다고 한후 도망하다싶이 하야 달려왔다 합니다. 머슴의 말이 그사람들은 모다 례복을 입었으며 그중에는 기골이 늠늠한 무관들도 있었다합니다. 제의 추측으로는 백씨와 그의 일행이 아닌가 생각되오는데 만일 억칙이였으면 관서하시기 바라오며, 참고로 보고하는바입니다 여불비

큰아들 엄이 사신으로 중국 연경에 가다가 도적을 맞은 것이 아니라 사전에 모반을 계획하고 실행하였다는 정황증거로 편지를 제시하고

있다. 편지 내용은 도적을 맞은 것이 아니라 사전에 계획하고 공물을 빼돌리고 모반을 위한 군사를 모으고 있다는 것이다. 연경에 사신으로 다녀오면 결혼을 하고 차기 왕권 계승자라는 사실에서 역적모의라는 사실에 논리성은 결여된 상황이다. 모반의 동기가 불분명하고 편지 내용상 사실관계는 불확실하게 전하고 있다. 그리고 애인이자 약혼자인 나모나와의 관계도 「군도」에서와 같이 형과의 관계를 나모나에 대해 죄를 범했다고 모함한다. 다른 여자와 관계가 있다고 한다.

예문 4)

즙 : 형님은 이때까지 너를 속이고 시정의 하천한 게집과 정을 통하고 있었다

나모나 : 딴 여자와요?

즙 : 그래. 바루 연경으로 떠나든 전날까지 그랬다. 네앞에서. 혼인후의 살림에 대해서 달콤한 이 얘기를 하고 돌아서선 하천한 게집애를 품에 안고 있었으니 신인이 공로할 노릇이 아니냐?

나모나 : (격하야) 혼례식을 앞우고 하천한 게집애와 .....(하고 입술을 깨문다)

즙 : 내말을 믿지못하겠거든. 형님이 도라오시는대로 네가 듸린 그 비취 매물을 엇다 두었오냐구 무러봐라. 얼골이 파랗게 질리며 우물쭈물 뭐라고 둘러일것이다. 형님은 그때들른 너의 아버지가 운명하시며 너에게 남겨 주신 그 패물을 지금 얘기한 그 하천한 게집애에게 내주었었다

이러한 편지와 나모나에 대한 모함에도 자신들의 뜻대로 안 되자,

다시 제 2단계로 준비한 모략을 시행한다. 아버지인 왕치겸이 편지를 보고 직접 사건의 현장인 낭림산을 방문하여 사실관계를 알아보겠다고 한다. 그러자 사신 일행인 가의 호위 군졸을 가장한 병사를 시켜서 두 번째 모티프인 칼을 등장시킨다. 최주후는 편지 모티프가 잘 안될 경우를 대비해서 엄 장군의 칼을 준비했다가 등장시킨다. 이러한 모티프의 등장은 「군도」에서와는 차이가 있다. 「군도」에서는 1막과 2막에 걸쳐서 시간적 여유를 두고 순차적으로 등장하고 있다. 그러나 함세덕은 이들 모티프를 연속하여 등장시킴으로써 사건 진행의 속도와 갈등을 고조시키고 있다.

예문 5)

　파금나간다

　그의 안내로 가장한 호위군졸 한 사람이 들어온다 전신 피투성이며 피묻은 칼 한자루를 들었다

가장한 호위군졸 : 대광대감께 아뢰옵니다. 호국장군 왕가대군께서는 염주산성에서 검객력사를 몰아 군대를 조직하시던 중 배반한 부하의 칼에 억울하게 돌아가시었읍니다. 숨이 다하실 때 끝까지 시위한 소인에게 이 칼을 주시며 서울 본댁에다 전하라고 한마디 남기시고 눈을 감으시었읍니다.

즙 : (달려가 그 칼을 받아서 한참 디려다 보드니) 틀림없는 형님의 칼입니다

치겸 : (즙에겟 칼을 받아 보드니) 과연 엄이의 물건이구나

　나모나 울음이터저 도라서 운다. 치겸의 볼에　눈물이 흘은다.

즙은 우는 시늉

치겸 : 그럼 공물을 가지고 다라났었든게 사실이였구나

가장한 호위군졸 : 예. 그렇나 소인은 무슨 영문인지 몰으고 그저 충실이 장군의 명령대로 복종하였을 다름이였습니다.

치겸 : 이게 내 자랑이요. 희망이요 온갓 사랑을 끈았든 자식의 최후란 말이냐? 이렇게 무참하게 죽을 바에야 죄나 범치 말고 죽을 것을.....

　예문 3),4),5)의 「산적」 인용문에 등장하는 모티프는 「군도」에서도 동일하게 나온다. 편지를 매개체로 칼과 모어 백작 사이를 이간질 시키고, 사랑하는 연인 아말리아와의 관계도 삽입하고, 이러한 모티프가 계획대로 잘 안되자 칼을 매개로 큰아들이 죽었다고 말한다. 이러한 갈등 고조를 위한 장치는 「군도」와 「산적」에서 동일하게 사용되어 편지를 읽은 왕치겸이 사건 현장으로 가려고 하자 최주후가 2탄으로 가장한 병사와 엄이 사용하던 칼을 동원해서 역적모의를 하다 부하의 손에 죽임을 당한 것으로 거짓 고해를 한다.

　「산적」에서 엄은 이러한 최주후와 동생 섭에 의해 계획된 음모로 인해 죽은 자가 된 상황에서 자신의 집에 돌아온다. 엄이 사신단의 죽음과 봉물을 강탈당한 사건 해결을 위해 집으로 돌아왔으나 자신이 죽은 것으로 상황 설정이 되어있음을 알고 동생 섭을 위해 순간 자신의 모든 것을 포기한다.

　그리고 낭림산에 돌아가서 낭림산 도적들이 제안한 도적단의 두령이 된다. 엄이 죽고 사신 일행을 이끌고 배신하였다는 설정에 아버지인 왕치겸이 이를 믿게 하는 매개체가 「군도」에 나타나는 편지와 칼이 같이 나타난다. 그러나 사신단이라는 고려시대의 상황 설정 등이 새로운 창작적인 성격의 상황 설정을 보여준다.

「군도」와 「산적」은 큰아들이 도적이 되는 과정과 동기도 다르게 설정되어 나타난다. 엄이 이끌던 사신 일행을 습격한 도적들은 낭림산맥의 중들이 변장한 것이고, 실상은 둘째 아들인 섭과 아버지의 정적인 최주후의 사주로 도적으로 변장하여 사신 일행을 습격한 것이다. 그리고 엄이 택한 도적단 두목은 단순한 도적단 두목이 아닌 낭림산에 거주하는 산적들에게 왕과 같은 존재가 되고 이들과 같이한다.

「군도」에서와 같이 「산적」에서도 도적단에 대한 관군의 토벌 장면이 등장한다. 「군도」에서 모어 백작은 죽은 것이 아니라 산중에 있는 폐허가 된 성에 유폐된 것이지만, 「산적」에서는 최주후의 음모에 의한 왕치겸의 죽음으로 갈등이 고조되어 도적이 된 엄과 최주후와의 대립으로 나타난다. 아버지 기일에 추모하기 위한 문상을 통해서 즙과 엄이 만난다. 갈등의 주체가 아닌 종속적인 존재인 즙이 자신의 잘못을 뉘우치는 것으로 형제간의 갈등은 종결된다.

예문 6)

엄 : 나를 산 송장을 만들고, 이제와서 다못해서 그 칼로 나를 칠려느냐? 애비를 죽이고 형을 죽이구...... 네 칼이 얼마나 모진가 어데 한번 맞어보자!

즙 : 칼을 땅에다 툭 떠러트리고 [형님]하며 엄의 앞에 업퍼진다

즙 : (단좌하며) 형님, 그칼로 이놈을 버여주오. 이 집이놈을 버여주오

엄 : 내가? 웨 이눔아, 너를 버인단 말이냐? 너를 위해 내 한몸을 이 지상에서 없어지게한

내가, 웨 너를 죽인단 말이냐?

즙 : 형님! (하고 부르며 단도로 목을 찌르고 앞으로 쓸어진다)

나모나 달려가 [작은 오라버님][작은 오라버님][정신 차리세요] 하고
운다. 담씨도 붓들고 통곡한다.

즙 : (끊어저가는 소래로) 형님,.......이눔을......용서해주오. 끝으로
내......말 한마디만.......민 믿어주오, 아, 아버님을......주, 죽인놈
은........내가...아니라...저,저...최주후요

주후 : 오, 저눔이 죽으면 곱게 죽지, 남을 수렁에다 끌어넣구 죽을려는
구나. 내가 언제 너이 아버지를 죽였단 말이냐?

즙 : (최후의 힘을 다하야 땅에 떠러진 칼을 기어가며 집어들고 힘을
모두어 이러나려다

다하여 도로 쓰러지며) 이 이눔, 최주후야 너를 너를 내 손으루 못죽이
고 혼자가는 것만이 원, 원, 원, 통하다 (하고 숨이 끊어진다)

「군도」에서는 형제간에 직접적인 만남보다는 다른 인물로 가장을
하고 만난다. 형제간에 직접적으로 대면하는 갈등 대립 상황이 등장하
지는 않는다. 형과 동생이 만나서 대립하고 자신의 죄를 사죄하고 자결
하는 형태가 아니고 프란츠가 스스로 무너지는 형식을 보여준다.

「산적」에서는 동생이 형을 만나서 자신이 저지른 일에 대한 반성과
후회, 그리고 사죄를 하고 자결한다. 일련의 사건이 자신의 자발적
의지라기보다는 사건의 배후에 정치적인 음모자인 최주후가 있었음을
고백하고 즙이 죽는다. 그리고 형인 엄은 최주후를 잡아다 벌을 내린
다. 최주후가 왕치겸을 계곡에 마차를 밀어 죽인 것처럼 낭림산 계곡에

서 낭떠러지로 떨어지는 형벌을 엄에게 받아 죽는다.

「군도」는 사건의 결말이 여기에서 끝난다. 동생을 응징하러 갔는데 동생은 죽었고, 자신이 사랑하는 아말리아를 만나서 도적들의 강압에 의해 아말리아를 죽이고 자신은 자신의 죄과를 뉘우치고 자수하러 간다. 자신의 자유를 향한 이상을 자유를 향한 의지를 표출하는 것이 끝이다.

「산적」은 갈등의 대상이 사라지고 난 이후에 끝난 것이 아니다. 사랑하는 나모나가 낭림산에 찾아온다. 그리고 엄에게 사랑과 도적단과의 의리 둘 중에 하나를 선택하라고 한다. 도적단 생활에 회의를 느낀 엄이 고민한다. 그러다가 결국 도적단을 선택하고 나모나 자신도 도적단이 되겠다고 한다. 도적단의 일원이 된 나모나가 엄과 도적단에게 제안을 한다. 이제 도적단이 함께 혼란한 서울로 올라가서 남쪽과 북쪽에서 정국의 혼란을 야기시키는 역적무리를 무찌르러 가자고 한다. 도적단이 혼란한 정국을 수습하러 낭림산을 떠나는 것이 결말이다.

「산적」에 대한 함세덕의 작품 구성에 관한 사항을 살펴보았다. 「군도」에서 기본적인 주요 인물의 갈등 관계 설정과 주요 모티프 등을 빌려온 것은 주지의 사실이다. 그런데 여기서 과연 「산적」을 단순하게 아님 번안 창작이라고 새로운 작명을 해야 하는가이다. 단순하게 형제간의 대립과 사랑이라는 기본 갈등 구도만 같을 뿐 모든 상황 설정과 대립이 다르고 결말까지도 다른 상황에서 과연 무엇이라고 칭할 수가 있을까? 하는 점이다. 이는 「군도」를 기본적인 골격과 모티프를 차용한 새로운 창작이라고 볼 수 있겠다.

그렇다면 함세덕은 왜 어렵게 쉴러의 작품을 대상으로 하였나 하는 사항이다. 해방공간이라는 시대적인 상황과 연관 지어 무슨 의미가 있는 것인가 하는 것이 작가의 창작 의도와 같이한다고 본다.

3. 왜 「산적」인가?

해방공간이라는 상황에서 「산적」은 중의적인 의미를 지닌다고 본다. 단순하게 「군도」라는 도적떼를 「산적」으로 번역 내지는 번안한 것이 아니라고 본다. 「산적」이라는 존재가 자신의 안식처를 떠나 떠도는 존재라면 바로 식민지하의 우리 민족의 존재 운명이 바로 「산적」과 같은 존재였다고 생각된다.

「군도」가 쉴러의 자유를 향한 의지의 표현이라는 주제를 지닌 것이라면, 함세덕의 「산적」은 식민지하에 자신의 고향을 잃고 떠돌던 「산적」과 같은 존재인 도적단이 이제는 나라를 바로 세우는데 중심이 되자고 한다. 조정이 혼란한 틈을 타서 파당을 조성해서 백성들이 갈피를 잡지 못하게 하는 것을 바로 잡자고 한다.

예문 7)

나모나 : 서울로 가십시다

엄 : 서울로?

나모나 : 네, 잇해전 아버님께서 도라가시구 난 후론 조정은 딱 두패루 갈라지구 말었읍니다 아버님을 물리치고 일약 국권을 잡게된 최주후는 삼감마마께 가진 침소를 다하야 총애를 받고저하고, 정광송여

는 송여대루 자기 세력을 궁중에다 뿌리박을려고 자기의 일가당속
들을 작구 궐내에 디리구 있습니다. 서로 상감마마께 중상을 하고,
권세잡기에만 눈이 뒤집히어, 정사는 전연 내던저두고 파벌당쟁으
로 날을 보내고 있음으로 백성은 갈피를 못잡고 방황코 있습니다

엄 : 그얘긴 나두 벌-서 부터 듣구있었다

나모나 : 북쪽에선 원나라가 호시탐탐 우리나라를 노리고 있고, 남쪽
에선 왜놈들의 해구(해구)가 상고(商賈)들을 위협코 있는데, 조정은
피비린내와 황음일낙으로 부패타락 돼있으나 누구하나 나서서 바로
잡을 만한 사람이 없습니다

수피달 : 아기씨, 그사람은 바루 여기 있오. 그놈들을 두들겨부실 사람
은 이 수피달이오. 두령 칼을 들어 명령하시오. 시식이 급하오.

엄 : 나모나야 가자 (칼을 높이 들며) 다들 지금 내동생의 이아길 들었
겠지. 오늘부터 우리도 적당은 나라를 바로세우는 순충보국의 의렬
당으로 현판을 갈아부치자. 그래서 나라를 혼자 사랑하는척하고
기실은 권세와 부귀를 찾이하기에 골몰하며 탕쟁파벌로 애매한 백
성들의 귀취를 혼란케하는 그 역적놈들을 조정에서 내몰아치자

남쪽과 북쪽에서 나라를 넘보는 무리들에 대항하여 나라의 운명을
바로 잡기 위해서 도적단이 떠난다.

해방은 되었지만 38선을 경계로 남북으로 분단되어서 미군과 소련
군이 군정을 실시하는 시대적인 상황을 빗대어서 이야기하고 있다.
이는 해방정국의 상황을 적시해 나타내는 것으로 해방은 되었으나
아직도 주권이 없고 남북으로 나뉘어서 정쟁만 하는 나라를 바로 잡아
야 한다는 상황을 보여준다. 진정한 해방을 위해 모두 노력하자는 의지

를 강력하게 보여주고 있다. 이들이 부르는 노래가 자유의 노래라는 점에서 나라의 해방과 주권을 찾기 위한, 자유를 찾기 위한 노력이 필요함을 역설해 보여준다.

이념적이거나 정치적인 사상이나 면모는 보이지 않지만 해방을 맞이하는 자세와 작가가 작품을 쓴 의도가 나타난다고 본다. 이는 후렴구로 나오는 도적들이 부르는 노래가 "자유의 소래"라는 점에서 해방공간에서 함세덕이 「산적」통해서 말하고자 하는 세계관은 자유가 보장된 독립 국가에 대한 염원임을 보여준다.

함세덕은 「산적」을 통해서 해방정국의 혼란한 상황이 백성을 위한 것이 아니라 정파 싸움을 하는 이들의 사사로운 것임을 보여준다. 산적이 도적단이 해방공간의 혼란상을 해결하고 새로운 나라를 건설하는 데 나아가자는 것이다. 이 땅의 백성인 떠돌던 산적의 힘으로 바로 백성의 힘으로 새 나라를 결성하자는 의지를 보여주고 있다. 함세덕이 실러의 「군도」를 모티브를 차용하여 창작하여 공연한 목적은 해방정국의 혼란상을 딛고 새 나라를 건설하자는 희망찬 의지를 보여준다.

남북으로 나뉘어서 갈등과 이념적 대립을 하는 것을 넘어서 대승적 차원에서, 새 나라 건설은 일제하에 유랑하던 이 땅의 민초들이 힘을 모아서 해야 한다는 당위성을 보여주고 있다. 이러한 것이 함세덕의 나라를 생각하고 보여주고자 했던 세계관이 아니었나 한다. 이후에 남로당의 정강정책에 따라 보여주는 작품의 개작은 문제가 있는 것이 아닌가 한다.

참고문헌

홍경호 옮김, 『군도』, 프리드리히 실러, 범우사, 2006

함세덕, 『산적』, 낙랑극회, 1945

『예술연감』, 예술문화사, 1947

『조선해방연보』, 문우인서관, 1946

『해방일보』, 1945.12. 7, 12. 23

김동권 편, 『현대희곡작품집 전 5권』, 서광학술자료사, 1994.

김남식, 『남로당 연구』, 돌베개, 1987.

김동권, 「당대놀부전 작품해설」, 『한국연극』, 1998. 7

김동권, 「미군정기 연극의 대본검열 문제」, 한국 연극사학회 편, 『한국연극연구』,
　　　국학자료원, 1998

김동권, 「당대놀부전이 보여주는 함세덕 연구의 문제점」, 『건국어문학』 제 23,24
　　　합집, 1999

김동권, 「당대놀부전이 보여주는 함세덕 연구의 문제점」,

이상우, 『함세덕』, 새미, 2001

김재석, 「고목에 나타난 일제 잔재청산과 기득권 유지기대의 충돌」, 한국극예술
　　　학회편, 『함세덕』, 태학사, 1995

노재운 엮음, 『함세덕전집2』, 지식산업사, 1996

박영정, 「함세덕 희곡에서의 개작 문제」, 『한국연극』, 1994.10.

박영정, 「함세덕 희곡의 개작양상 연구1」, 『한국 극예술연구 6』, 태학사, 1996

박영정, 「함세덕 희곡에서의 개작 문제」, 『한국연극』, 1994.10

유민영, 『한국 현대 희곡사』, 홍성사, 1987

이기봉, 『북의 문학과 예술인』, 사사연, 1986

이해랑, 『허상의 진실』, 새문사, 1991,

장혜전, 「함세덕의 희곡에 나타난 외국작품의 영향 문제」, 한국 극예술 학회편,
　　　『함세덕』, 태학사, 1995

정호순, 「해방직후 희곡에 나타난 일제잔재 청산의 문제」, 『한국 극예술연구 5』,
　　　태학사, 1995

홍경호 옮김, 『군도』, 프리드리히 실러, 범우사, 2006

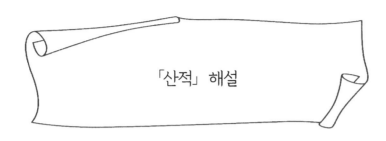

「산적」 해설

산적 대본은 아단문고에 소장된 자료로서 필자가 디지털카메라로 찍어서 필사한 것이다. 이 자리를 빌려 귀중한 자료를 제공해 주신 아단문고에 감사의 뜻을 전한다.

함세덕의 산적은 프레드릭 쉴러의 군도를 번안 개작한 작품으로 1945년 9월에 창단한 낙랑극회가 동양극장에서 11월에 창립 공연으로 공연한 해방 직후에 처음으로 공연된 작품이다. 쉴러의 군도를 번역이 아닌 번안 개작이 아닌 창작을 했다는 사실은 실상 기본적인 사항 인물과 줄거리의 대강인 시놉시스를 차용해서 함세덕 특유의 극작술로 다시 동시대의 현실에 적합하게 다시 구성한 것이다. 기본적인 사항을 군도에서 차용해서 새롭게 창작한 작품이라고 보아도 무방하다 하겠다.

작품의 특징을 보면 군도와는 다르게 실제 무대에 공연하기 좋게 만들어져 있다. 5막이라는 점에서는 군도와 산적이 동일하다. 그런데 각막이 공간적인 배경이 정리가 되어 있어서 무대전환이 용이하게 되어 있다. 제1막 낙림산 중의 주막, 제2막 왕치겸랑 천향궁, 제3막(보덕사 자비전) 낭림산중의 산적소굴, 제4막 보덕사 자비전, 제5막 산적소굴 등으로 각막의 배경이 정리되어 있어서 무대전환이 용이하다.

다음은 언어가 문어체가 아닌 완전 구어체로 되어 있다. 실제로 사용하던 언어 그대로 되어있다. 사건이 일어나는 시간적 배경은 고려시대에 2년여간이라는 시간적 길이는 유사하다. 그러나 군도가 만들어진 봉건영주 시대와 고려시대는 직접적인 연관성은 없다. 다만 정치 사회적인 측면에서 중앙집권제가 아닌 지방 호족이 인정되었던 시대라는 점에서 봉건영주 시대와 유사성이 있다. 때문에 배경이 고려시대인 것이다.

현재 여기에 수록한 대본은 원래 구어체로 되어 있다. 그래서 필자가 약간의 첨삭을 가해서 읽기에 용이하게, 최소한의 현대적인 맞춤법에 따라 최소한의 손질을 하였다. 원작에 훼손이 안 되게 단순히 작품으로 읽기에 편하게 손질하였다. 구어체의 형태는 소리 나는 데로 연철이 되어 있어서 전문가가 아니라면 쉽게 이해하기가 어려운 점이 있어서 읽기에 편하게 한 것이다.

필자는 함세덕에 대한 연구에 관심이 많다. 특히 「고목」을 개작한 「당대놀부전」을 발굴하여 발표하면서 함세덕의 드라마투루기와 개작에 대한 연구를 발표한 적이 있고, 산적 역시 이러한 일련의 연구의 연장선에서 이루어진 것으로 함세덕 연구에 귀중한 자료라 하겠다.

산적에 대한 구체적인 작품 내용은 군도와 다른, 형제간의 갈등이라는 모티브를 근간으로 모티브를 차용해서 번안 개작한 형식을 보여주는 것 같지만 새롭게 창작적인 면모가 있는 작품이다. 작품의 주제나 형식도 많이 다른 새로운 창작이라고 본다.

산적

함세덕작
도적 5막 6장

배경
제1막 낙림산중의 주막
제2막 왕치겸랑 천향궁
제3막(보덕사자비전) 낭림산중의 산적소굴
제4막 보덕사자비전
제5막 산적소굴
시대
고려조 중기
인물
왕치겸 정1품, 대신, 왕의 질제
가 장남 종 3품 운마장군
낭림 도적수령, 가의 후신
섭 차남 은청광림대부
내모나 여진추장의 딸 치겸의 양녀
수연 가의 시녀
최주후 대승
담씨 가의 유모
파금 섭의 시녀
금적

은적 나모네의 시녀

수피달 무령화 후에 도적

청룡

백호

주작

현무

염노인

부소

가장한 병

기타 도적들 승려들

제1막

낭림산중의 어느 조그만 무대

우측은 산림으로 내려가는

좌측은 종립된 절벽사이로 통하는 길

후면은 길은 계곡을 건너 천년노송이 옹립한 울창한 숲에 토한다. 염노인 노루사냥을 해가지고 들어온다.

염노인 : (딸이 없음으로)솔아, 솔아! 이 계집애가 또 어디를 싸질러갔나? (멀리 향하야) 솔아 솔아 , 이런 애물애 계집애, 말을 잊어버리고두 찾을 생각은 않고 노루꼬리 잡을려는 무당년같이 헤매고만 댕기니…

이윽고 부소(18세 성장한 야생적인 계집애) 중얼거리며 들어온다

부소 : (부의 목소리를 흉내내며) 솔아 솔아 누가 어디 숨넘어가나? 어느 놈이 업어가나? 눈꿈적하기가 무섭게 불러대니, 뒤깐에 갈수가 있나? 말 한번 내려갈수가 있나?

염노인 : 하루종일 어디를 그렇게 다니냐?

부소 : 싸질러 다니긴 누가 좋아서 싸질러 다니나? 뭐

염노인 : 그럼 뭐야 이년아, 수깔 놓기가 무섭게 나간 년이 땅거미가 질 때야 기어들어오니, 늙은 애비 딸기 따다 줄려고 다녔단 말이냐?

부소 : 말 찾으러 다녔지 누가 놀았나?

염노인 : 그래 오늘두 못찾았냐?

부소 : 촉새골과 수리재로 집집마다 굴마다 할트다싶이 찾었어, 우리 점백이 봤단 사람은 한명도 없어.

염노인 : 그러게 이년아 내가 뭐라든, 요샌 도둑이 심하니까 마구깐만은 꼭꼭 장을 잠그라고 했지?

부소 : 흑…

염노인 : 꼴주고 똥쳐주기 싫은 참에 아주 잘됐다

부소 : 오늘까지 기르긴 누가 길렀는데 나하고 아버지하고 누가 더 정들었나 물어보면 알걸

염노 : (콧 물을 훔치며) 그게 어젯밤에 얼마나 울었을까.

부소 : 오늘 아침에 타고서 **주 갈려고 깨끗이 닦아놓고, 대장간에 가서 굽까지 갈아놓은 것을 어느 씨알머리가 훔쳐갔어?

염노인 : **주 갈려고?

부소 : 응

염노인 : 이년아, 또 **주야. 그저 자구깨면 *주구 말끝마다 *주야.

네년이 틀림없이 비짱을 찔렀다지만 읍에 내려 갈려고 그렇게 맘이 들떠 있었으니, 우리깐의 문을 잠궜었을 리가 없어.

부소 : 꼭 잠궜었어

염노인 : 대관절 읍엔 뭘 찾어먹으러 또 내려갈려고 했었냐?

부소 : 구경

염노인 : 구경? 이년아 밤낮 봐야 그놈이 그놈이고 그장(市場)이 그장 이지 뭐볼게 있다고 구경이야

부소 : 서울 사신이 지나간대

염노인 : 사신이?

부소 : 응, 원나라 연경으로 공물가지고 가는 사신이래.

염노인 : 그래 사신 이름이 뭐라든?

부소 : 이름은 들었는데 잊어버렸어. 임금님 조카벌되는 사람인데 나 이가 스물다섯이라나봐. 키가 크고 얼골이 참 음진스러운 귀족이 래. 오늘 아침에 *주를 지나간댔다니까 벌서 지금쯤은 무다리 건너 서 여우고개 지나갈꺼야. 빨리 점백일 찾어야 쫓아가 구경할텐데.

이때 도적 장강 달려온다.

장강 : 솔아 솔아 너 혹시 우리 말 달아나는거 못봤냐?

부소 : 무슨 말?

장강 : 아, 타는 말이지 무슨 말이야? 뭬 우리 점백이말이다.

부소 : 못봤어

장강 : 이놈의 짐승이 어데로 뛨나?

　(하고 다시 달려가려고 한다)

염노인 : (달려가 그의 팔을 붓들며) 점백이라니?

무뢰한 : 이름이지 뭐야? 털이 어떻게 곱든지 꼭 기름먹은 장판이야

염노인 : 자네한테 언제 그런 말이 있었든가?

무뢰한 : 제-기 말은 자기 혼자 갖이고 있는줄 아나봐?

염노인 : 어끄저께까지 없든 말이 하루 밤에 어데서 생긴단 말이야?
    (달려들며) 바른대로 대- 지금 그게 우리 점백이지?

무뢰한 : 이놈의 늙은이가 고테꿀로 가고 싶어서 이러나? 사람을 보고
    말을 해

염노인 : 뭐야 골고개 도둑이지 뭐야?

무뢰한 : 늙은거라고 한술 떠 떼주니까 못하는 소리가 없군. 그래 말이
    면 모두 자기네 말이군…..아, 훔치는거 두 눈으로 봤어?

염노인 : 보지 않으면 몰라? 당연한 노릇이지.

무뢰한 : 늙지만 안었으면 배때기다 바람구멍을 내줄 걸

부소 : (부에게) 아버진 괜이 보지두 못하고 그런 소릴 하구는 욕을
    먹어(무뢰한에게) 대관절 어떻게 생긴말인데?

무뢰한 : *주 장에 가서 이번에 샀어. 느이집 점백이 하고 쌍둥인지,
    털이며 키며 아주 박은득 닮었더라

부소 : 줄을 끌르고 도망갔는지 도둑놈이 훔쳐갔는지 어떻게 알어?

무뢰한 : (신음하듯) 으-ㅁ 참 그러고 보니 어느 놈이 훔쳐갔는지두
    모르겠다.

부소 : 호호호 도둑이 도둑을 맞었군. 싀풀고개에 도둑이 또 하나 늘었
    는데?

무뢰한 : 어느 놈인지 짍히기만 해봐라. 다리 웅두라질 잘근잘근 분질

러 놀테니(하고 화가나서 나간다)

염노인 : 생부란당 같으니 제 놈이 무슨 돈으로 장에 가서 말을 샀단 말이야. 뭐 쌍둥인가 봐?

부소 : 뒤로 살살 따라가볼가?

염노인 : 내가 밟어봐야겠다. 넌 여깄거라.(하고 뒤따라 나간다)

-간-

수피달, 주위를 두리번거리며 들어온다

부소 : 누굴 찾어요?

수피달 : 색시가 줸이요?

부소 : 웨 그러세요?

수피달 : 당신 혹 말 한필 사지 않을테요?

부소 : 말이요?

수피달 : 음, 아주 기가 맥히게 늠늠하고 실하고 빨른 말이야. 하하하

이때 집 뒤에서 말 울음소리

수피달 : 저 우는 소리 좀 들어 보. 명마란 울음소리부터 다르거든. 나와 보고 맘에 들거든 사슈. 사실은 나두 오래 정이 들어서 내놓고 싶지 않지만 주머니에 돈이 딱 떨어져서 할수없이 팔려는거야. 아주 싸게 해줄 테니 사슈.

부소 : 글세요. 아버지 들오시거든 얘기해 보지요.

수피달 : 어델 나가셨는데?

부소 : 말 찾으러 나가셨어요.

수피달 : 말이요?

부소 : 네 우리두 한필 있었는데 어제께 어느 녀석이 훔쳐갔어요.

수피달 : 그래 아직도 못찾었오?

부소 : 네

수피달 : 그럼 아주 안성마침이군. 기왕 잃어버린 걸 찾으면 뭘 허우?
　저거 싸게 해 줄 테니 사도록 잘 얘기해보시구려.

부소 : 기다려보세요. 들어오시거든 얘기해볼 테니. 그러기 않어도 참
　헌게 있으면 샀으면 하셨으니까….

수피달 : 우선 나가서 구경이나 좀 하시구려.

천고마비 계…에…(다음 구가 않나와 기침만 한다)

부소 : 끌려나와 한참 보드니 달려간다. 이윽고 다시 들어오며

부소 : 당신말 어났어요?

수피달 : 어서나다니? 무슨 말을 그렇게 섭섭하게 하우

부소 : (쏘는듯이) 어서 났어요?

수피달 : 어서 나다니? 나긴 샀지

부소 : 샀어요?

수피달 : 응 아니 산게 아니라… 집에서 기르던.. 응… 참 타고댕기
　든…

부소 : 거짓말 말어요! 이 말 도둑놈(외친다) 도둑이야 도둑이야 아버-
　지 아버-지

수피달 : 여보 색시. 색시 도둑이라니 도둑이라니

염노인과 장강 뛰여온다.

염노인 : 어딨서? 그놈이

부소 : 이녀석이에요

염노인과 장강 달려들어 수피달을 넘어트리려고 한다.

수피달 : (위엄을 띠며)어데다 함부로 막례한 짓을 하는거야?

장강 : 막롄 뭐야, 이도둑놈아. (하고 달려든다)

수피달 : 나로 말하면 이름은 수피달 고향을 *주 갓나무골 저 수만장군
　　　이 여진을 치실 때 북계 38성을 혼자 말이야　##드는 천병만마를…

염노인 : 거짓말 말어, 이놈아

장강 : 어서 내놓지 못하겠냐?

양인 달려들어 삼인이 싸운다

부소 : (산을 향하야) 도둑이야 도둑이야. 누구 없어요?

수피달 : 색시 색시 난도둑이 아니래두.. 도둑이 아니라… 일홈은 수
　　　피달.. 고향은 *주

부소 : 도둑이야 도둑이야

무기를 든 도적떼들 달려온다. 가세하여 싸우나 원체 수피달이 천하장
사라 한놈 두놈 능지가 돼드니 슬슬 꽁무니를 빼고 달아나려한다.

장강 : 이놈들아, 빨리 덤벼 뭇지않고 뭘하고 섰는거냐?

부하들……

수피달 : 보아하니 느이놈들이 정말 도둑눔들이로구나

청룡 : 저눔보게. 진짜 도둑놈이 남보고 도둑놈이라네

부소 : 그럼 바른대로 말해보세요. 그 말 어서났어요?

수피달 : (장강을 깔고 앉은채) 사실대로 말하면 말없이 끌고 왔던거
　　　야

장강 : 남의 물건을 말없이 끌고가는게 도둑이지 뭐야?

부소 : 어데서 끌고 왔어요?

수피달 : 저 고개넘어 골짜구니에 매있었오. 돌아보니 임자가 없더군 그래. 웬떡이냐 이게 하고 끌고 왔든거야.

장강 : 이놈아 내가 거기다 매놨었는데 임자가 없긴 왜 없어?

염노인 : (장강에게) 이놈아, 넌 또 왜 남의 말은 훔쳐다 거기다 매두는 거야?

수피달 : 대관절 어느놈이 말임자야?

장강 : 내지 누구야.

부소 : 이런 도둑녀석, 여보 손님, 가서 새로간 말굽을 보면 알꺼요. 오늘 아침 읍에 타고 가려고 마구깐에 매둔 말을 훔쳐가고서…

수피달 : (목을 조리며) 네놈이 훔쳐다 매놨었지?

장강 : 아야야, 형님

수피달 : 이놈아, 네가 날 언제 봤다고 형님이야?

장강 : 사람살려라, 백호야, 청룡아, 주작아, 현무야 (숨이맥혀) 형님 형님 바른데로 맬 테니 이손 놓슈 놓고 얘길하슈

수피달 : 손을 늦춘다

장강 : 사실은 그말은 이 집거요.

염노인 : 망할 자식 그럼 그렇다고 진작 그럴 것이지. (수피달에게) 여보 나그네 늙은게 실수했우. 용서하우

수피달 : 천만에

부소 : 미안합니다

수피달 : 피차 실수지 하하하

염노인과 부소 물을 퍼들고 꼴을 들고 나간다

장강 : 형님 미안하오. 난 이 쇠풀고개 사는 도둑으로 이름을 장강이라

고 불러주슈

수피달 : 이왕 도둑질을 하려면 크게 해먹지 그런 좀도둑질을 해먹는 담?

장강 : 일이 그렇게 됐오. 그런데 형님을 어디로 가신는 길이요?

수피달 : 나야 바람 부는 데로 물결치는 데로지.

장강 : 그럼 우리 여기서 같이 삽시다. 인간도처 청산이라지 않소?

수피달 : 여기서?

장강 : 네, 아까 왔든 녀석들이 다 우리 동무요. 형님하고 이렇게 맞나는게 우연이 아니라 하늘이 시킨 것인가 보우. 이 자리에서 의형제 맺고 형님 아우로 허물없이 지냅시다.

도적떼 : 들어 온다

청용 : 청룡이라고 불러 주슈

장강 : 쇠도리께질을 잘하오.

백호 : 백호라고 불러 주슈

장강 : 창을 잘쓰오

주작 : 내 이름은 주작이나 항용 주착이라고 부르지요

현무 : 현무라고 합니다

장강 : 표창이라고 대속에다 활을 넣어가지고 혹 불면 호랭이두 거꾸러지오. 그것을 제손으로 만들어서 쓰고있오.

현무 : 난 아직 도덕질

장강 : 이것들은 그저 새끼들이오.

도적들 각기 절하고 물러난다.

수피달 : 위엄을 갖추며 나는 이름은 수피달

장강 : 말을 막으며 고향은 *주 잣나무꼴. 아까 들어서 다 아오

수피달 : (위엄을 깎였스나 다시) 그런데 의형젤 맺으려면 술이 한잔 있어야지

장강 : 안 송림으로 들어갑시다

수피달 : 그럼 흥이 식어. 당장 맺은 의형제니 당장 나눠야지

뒤란에서 염노인의 '이러' 이러 하고 말을 우리에 몰아넣는 소래. 이윽고 부소가 들어온다

염노인 : 미물이라두 제집하고 제 주인을 알아보는지 아주 코방귀를 핑핑 뀌고 대가릴 비벼대고 야단이오.

수피달 : 여보 쥔 우리가 화해하고 의형젤 맺기로 했는데 어떻게 술 한잔 줄 수 없을가

염노인 : 술이야 있지만… 하고 장강을 훑터본다

장강 : 내가 그만 잠간 귀신이 썼었오. 꽁하게 생각말고 한잔주슈

염노인 : (솔에게) 차려디려라 (도적들에게) 여기 아까 잡아온 노루 있으니 구워서 안주하게.

하고 밖으로 나간다

부소 : 부엌으로 들어간다

장강 : 이리 올라들 오게

도적들 올라와 둘러 앉는다

부소 : 주상을 갖다놓고 방으로 들어간다. 청룡 백호 노루를 나무에 걸고 굽는다.

장강 : 그런데 형님. 지금껏 내가 형님이라고 불르긴했지만, 정말 의형

젤 맺는 마당에야 나이대로 가야 할게 아니오?

수피달 : 그야 이를 말인가?

청룡 : 올해에 대관절 몇이슈?

수피달 : 스믈다섯일세

일동 : 스물다섯? 하고 놀랜다

수피달 : 아직 장가두 못갔지만 열다섯부터 전장으로 돌아다녀서 피
　　기두전에 늙었네

장강 : 그럼 내가 설흔둘이니 형이군

청룡 : (어깨를 탁치며) 아우 한잔 들어라

수피달 : (할 수 없이 받아마신다)에이 웃는다

주작 원 자식두 그래 고작 tm물다섯이야? 아주 애숭이 아니가. 하하하,
자, 형님술 한잔 받어라

수피달 : (어이가 없어 받어들고) 아니게 아니라 정말 주책이군

장강 : 아, 이녀석아. 손위 형이 주시는 술이니 받어, 어서

수피달 : 이녀석? 이런 경을 칠. 나 이놈의 의형제 안맺는다. 형님 형님
　　하든 놈들이 금새 이녀석 저녀석이야. (하고 마루에서 내려온다)

백호 : (끌어다 도로 앉히며) 애비는 뭐고 에미는 뭐냐? 형은 뭐고 동생
　　은 뭐냐? 부모형제는 무변대해가 찾어라. 너나 내나 다 그렇고 그런
　　놈인데 막례하고 상하없이 지내자꾸나

수피달 : 올치 네말이 맞었다. 형젠 형제돼 위아래 없는 형제다.

일동 : 좋다 말 잘했다.

부소 : 말쑥히 채리고 방에서 나온다

백호 : 어델 가냐?

부소 : *주에

백호 : 사신 행렬 구경하려?

부소 : 응

청룡 : 벌-서 지나갔지 입때 있을 줄이야?

부소 : 미륵봉 넘어서 앞찔러 가보지

주작 : 구경은 좋지만 바람나까봐 난 그게 걱정이다. 이번 사신은 송도
　　　서울 낭군중에도 그중 잘난 젊은 귀족이라드라. 이뿌다고 버쩍 안어
　　　다 말에다 태고 그냥 다라나면 어찌할래?

부소 : 그럼 연경까지 따라가지

백호 : 랑림 산골에 귀인하나 또나게

일동 : 하하하

부소 : 내가 귀인되면 당신네들 모두 서울로 불러올려서 벼슬을 식혀
　　　줄 테니 때만 기다리고려. (하고 말을 타고 노래를 부르며 내려간다)
부소의 부르는 노래

1.말아 말아 빨리가자 / 낭림산에 해지기전에 / 해가지면 우리낭군
/ 산꼴에서 노숙한다

2. 말아 말아 빨리가자 / 삿갓벗어 등에 걸고 / 짚신 벗어 손에 들고
/ 천방지방 쉬지말고

3.말아 말아 빨리가자 / 용마처럼 날러가지 / 읍에가면 검정콩에 /
푸른 콩에 실컷주마

수피달 : 우리도 의형젤 맺었으니 가치 뭘 하나 해야 할게 아닌가?
　　　여기서 동네집 말이나 후리치고 있어서야 사내 대장부 부끄러우이

현무 : 뭘 했으면 좋을가?

백호 : 절을 하나 지면 어때? 돈버린 이게 젤이야. 돌부처나 두어개 훔쳐다 놓고 인경이나 하나 매달아놓면 극락에 보내달라고 얼치기들이 쌀하고 필목을 그냥 막 바칠꺼란말이야

주작 : 원 자식은 이놈아 중영업은 아무나 해먹는줄 아냐? 천지현황두 모르는 놈이 경은 어떻게 읽고, 염불은 어떻게 외?

청룡 : 송도가서 옹기장수 할가?

현무 : 에끼 이용졸한 자식

주작 : 서울가서 상여도가집(喪輿집)하면 어떨까? 두패로 나눠서 한패는 밤중에 길가는 행인들을 내리치고 한패는 그집을 찾아가서 관하고 상열 드리밀면?

장강 : 난 아무대두 안가겠다

주작 : 그럼 여기서 뭘할테야?

장강 : 가만이 앉어서 이따금 지나가는 나그네나 치겠다

수피달 : 이놈아 사내 대장부가 무슨 할 일이 없어 죄없는 행인들 물건을 빼서 먹고살어?

장강 : 배운게 도둑질인걸 어떻게 해?

수피달 : 이놈들아 그래, 하나같이 그렇게 두뇌가 없단 말이냐?

주작 : 그럼 두뇌좋은놈 어서 얘기 해봐

수피달 : (일어서서 심각한 표정으로) 이리들 가까이와. 지금 내 이 머리속에 들앉어있든 지혜가 응 아 소릴치고 나올려고 나올려고 하는 중이다

일동 : (서로 찔르며 킥킥거린다)

수피달 : (돌연 이마를 치드니 격한 어조로)

　나왔다, 나왔다 이거야 말로 귀신이 곡할 기기묘묘한 생각이다. 봉오리 밑에 피어오르는 구름같이 홀연히 패여 올라왔고, 샘물같이 솟아 올라온 생각이야. 천지개벽후에 한놈두 생각못하든 일이다.

현무 : 잡담은 제하고 그 귀신곡할 얘기나 빨리 뱉게. (하니 동료들 배를 붙들고 웃는다)

수피달 : 나는 오늘 이 자리에서 비로소 잠에서 깼다. 나는 무엇을 해야 하겠다는걸 알았단말이다. 동시에 두뇌가 없는 너이들에게 무엇을 가르켜줘야 하겠다는것두 지각했다.

청룡 : 저놈이 별안간 정신이상이 생겼나?

백호 : 가르켜준다니 대체 뭘 가르켜준단말인가?

수피달 : (신중히)부잣집 담넘는법, 돈 궤 자물쇠 여는법, 문서위조하는법, 장터 습격하는법, 곡창에 불질르고 고스란이 쌀꺼내는법, 임금님 망건 훔치는법

일동 : (망연하야) 그럼 도적질을?

수피달 : 그렇가. 우린 오늘 이자리에서 도적단을 결성하잔 말이다.

장강 : 도적단?

수피달 : 그렇다. 이건 너이 놈들이 하는 그런 좀쓰런 고리타분한 도둑질이 아니라 북으로는 여진으로부터 동에 왜놈나라에 이르기까지 고려천하를 상대로하는 대대적 도둑단이다. 여기에는 첫째 생각를 가리지않는 용기가 필요하다.

청룡 : 용기라면 나보다 있는 놈이 누구란 말이야? 늑대 부랄을 따오래도 따오마

백호 : 나는 호랭일 맨손으로 잡는놈이야

수피달 : (한거름 앞으로 나와) 우리 고려건국의 영웅 왕건의 피가 한
　　　　방울이라도 너이들 심쭐속에 흐르고 있다면, 자, 따러라, 우리들은
　　　　낭림산중에 성을 쌓고, 인적미도의 송림엔 진을 처, 고려천지를 뒤흔
　　　　들 고자한다

일동 : (일제히 이러서며) 만세 도적단 만세 우리도적단만세

수피달 : 그럼 모두 나와 한 생각이란 말이냐?

일동 : 이르다뿐이겠나?

청룡 : 영업으로야 그만이지만 잡히는 날이면 당장 사형일걸세

수피달 : (멱살을 잡으며) 그게 무서우니 송도가서 옹기장술 하잔 말
　　　　이지

청룡 : 그 그렇게 아니라, 네가 말한건 , 오 모두 내가 일년 열두달
　　　　궁리하고 끙끙 앓던걸 속 시원이 얘기해줬단말이지

수피달 : (만족하야) 내가 얼마나 지혜있다는 것 이번에 확실히 들 알
　　　　었을걸

청룡 : 알고말고

수피달 : 내가 과거를 봤으면 정일품 대신은 못했어두, 삼품대승 벼슬
　　　　은 했을거야 하하하

백호 : 그만한 머리면 능히 대신두 했을걸세

주작 : 어쩌면 그렇게 우리들이 맘먹었든걸 꼭 알아맞치나? 네가 군대
　　　　를 들어갔다면 지금쯤　기대장군은 됐을거다

수피달 : 임금님이 이 수피달이가 대장않됐걸 여간 섭섭히 생각지 않
　　　　으실걸

현무 : 자네 머리라면 경이나 염불같은건 하루밤에 외일걸세. 그렇니 백호 말대로 중이 되두 돈벌인 염없을거야

수피달 : 중쯤이야. 아무것두아니지. 내가 의박사 공불했다면 십년안 진뱅일 그 자리에서 걷도록 만들어놓을 자신이 있다. 하하하

청룡 : 자 그럼 우리들 선조가 대대로 잠들고 있는 랑님사 깊은 송림 으로…

일동 : (무기를 쳐들고) 용감한 진군이다

장강 : (이때까지 침묵을 지키다가) 잠깐만, 이렇게 물덤벙 술덤벙 떠들일이 아니야. 가긴 어델 간다고 날뛰냐?

일동 : (의아하야) 뭐?

장강 : (독기를 띠고) 만사엔 순서가 잇는 법이야. 이리떼에도 대장이 있고. 날짐생에도 앞잽이가 있는 법이야. 그리게 나라엔 임금님이 있고, 도둑놈에게 두령이 있지 않냐?

청룡 : 참 두령이 있어야겠군

현무 : 깜박 그럭잊어버렸드랬군

장강 : 그 두령자리에다 누굴 앉히겠냐 말이야? (하고 일동을 쏘아 본다.)

수피달 : 첫째 용감하고, 둘째 지혜있는 이 수피달을 빼놓고 어느놈이 두령으로써 적임자란말이냐?

장강 그만한 머리로는 천하를 상대로 할 도적단 두령은 자격부족이다.

수피달 : (칼을 빼며) 뭣이 어째? 이놈!

장강 : 그렇게 역정낼게 아니라, 내 얘길 좀 들어보게, 적어두 고려천 지에 가랭일 걸치고 해먹을려면 첫째 천문지리에 능통해야 할께

아닌가? 어느 산과 숲이 있고 어느 강이 깊고 어느 어느 고을에
보물이 있다는 걸 환이 드려다 볼수있는 지식이 필요하단 말이야

수피달 : (신음하듯) 으-ㅁ

장강 : 그리고 둘째 나라의 조정과 민심을 한자 물길같이 잘드려다볼
수 있는 정치지식이 있어야 해. 그래야지 금군대장이 누가 됐고 누굴
구슬리면 사형을 면할 수 있다는걸 알게 아닌가

수피달 : (더한층 신음하듯이) 으-ㅁ

장강 : 셋째, 술을 먹되 색이시고   지면 부하를 건사할 수가 없어

수피달 : (아주 절망한듯) 으, 으-ㅁ

장강 : 그렇다고 난 수피달이 머리가 나쁘다는건 아니야

수피달 : 그럼 누가 그중 적임잘가?

장 : (어서 추천하라는 듯이 청룡을 쏘아본다)

청룡 내 보기엔 직…내가 생각하는 바에 의하면… 장강이가 합당할줄
아오.

주작 : 이놈아 청용아, 공사를 뒤섞지말어! 이때까진 장강이가 네 대감
이지만 오늘부턴 백지로 돌아가가지고 새로 맹그는거야

장강 : 주책이, 넌 나를 그렇게 무시하냐?

주작 : 무시가 아니라 사실이야. 까놓고 말하고 네가 두령이 되고싶어
꺼낸 얘기지만 털어놓고 말이지 네게 천문지리니 둥치(정치의 호)니
하는 뭣이 있단 말이냐?

백호 : 옳다, 내말이 옳다. 장강이나 내나 뭐가 다르게 장강이가 두령
이면 난 뭐냐?

현무 : 넌 대두령이다

일동 : 하하하

수피달 : 여러분 조용이 조용이

주작 : (일동에게) 동무들, 우리의 이 영광스러운 도적단은 수피달의 머리속에서 구름같이 피였고 샘같이 솟은것이니 그를 두령으로 삼는게 어떤가?

일동 : 장강을 빼고 좋소!

청룡 : (공기에 따라 표변하며) 좋소

수피달 : 여러분 조용이 조용이 하슈. 나는 이영광스러운 도적국의 왈짜 즉 두령을 사임하오. 그 이유는 술이오. '수피달아 너는 왕관과 술과 둘중에 어느것을 택할테냐..고 할때 나는 서슴지않고 '술을 택하겠나이다' 할 수밖에 없오. 그러니 장강이가 말한 두령과거엔 낙제요.

장강 : 그럼 잠시 두령 추대는 보류합시다.

일동 : 좋소

현무 : 소뿔은 단김에 빼랬다고 도적단은 다 됐으니 빨리 일을 시작하세

백호 : 만사엔 시초가 좋아야 하는 법이야. 아주 고려 천지가 벌컥 뒤집혀질 일을 하지

수피달 : (다시 이러선다 이마에 손을 대고) 지금 이 수피달의 머리에서 기기묘묘한 도적법이 그름같이 피고, 샘같이 솟을려고한다

일동 : (숨을 죽이고 침묵)

수피달 : (주목한다. 격한 어조로) 나왔다, 이거야말로 실로 천지개벽할 묘책이다

일동 : 어떻게?

수피달 : 고려건국의영웅 왕건의 피를 이어받은 자는 나를 따르라

주작 : 어데로?

수피달 : 여우고개로!

일동 : 여우고개?

수피달 : 그래! 서울을 떠나 조공가는 사신의 일행이 막대한 금은보화를 가지고 지금 여우고개를 지나갈 것이다. 우리는 아까 솔이가 나간 길로 가 일행의 길목을 가로질러 그들을 습격하고, 공물들을 약탈해 오잔 말이다.

일동 : 와 (하고 환성을 한다)

수피달을 선봉으로 도적군, 무기를 쳐들고 나가려할 때 부소 풀없이 들어온다

백호 : 어 웨 벌써오냐?

부소 : 사신 안지나간대

백호 : 안지나가? 누가 그러든

부소 : *주 장에서 오는 사람을 만났어

일동 : (실망의 빛)

청용 : 웨 중지했다든

부소 : 그끄저께 밤 *주 너구리바위 앞에서 도적떼를 만나서 몰살을 당했대

일동 : (도적떼들하고 서로 얼굴을 본다)

부소 : 응, 일행중 열두사람은 죽고 그 사신은 행방불명이 됐대

수피달 : (땅을 발로 캉캉 굴르며) 내 계획을 가로 채가는 놈이 있네

그려

주작 : 거참 생각할수록 분한데

부소 : 금그릇 은그릇이 수무궤짝, 비단이 백필 연태가 이천필 호피가 백장, 인삼이 열상자, 서문금 오색나채가 삼백단이나 된대

청룡 : 삼대를 두고 먹어도 남을거 아닌가?

부소 : 그런데 어데를 갈려고 나서섰어요.

수피달 : 아 아니 우리두 저 그 사신행렬 구경갈까 하고 나왔는데 그렇게 됐다니 가서뭐하겠냐?

부소 : 그 사신 살았다면 얼마나 속이탈가

현무 : 속이 아니라 똥줄이 바짝바짝 타겠지

부소 : 집에도 못들어갈걸

청룡 : 집엔 고사하고 도성안에 무슨얼굴로 들어가겠냐?

장강 : 그럼 우리들은 일단 안 송림으로 들어들가지

일동 : 그러지

도적군 잘먹고간다 잘잇거라 인사를 던지고 올라간다.

부소 : 술상을 치운다

주위 차츰차츰 어두워진다. 호- 호- 하고 음울하게 부엉이가 운다. 山鬱에서 염노인의 솔아 솔아 불으는 소래, 멀리서 산울림. 부소 벼랑으로 올라가 소리나는 쪽을 바라보드니 부를 발견하고 달려간다. 이윽고 염노인과 둘이서 전신 피투성이인 나그네를 부축해 들어온다.

염노인 : (딸에게) 빨리 들어가 불 때라. 허리를 몹시 상하신 모양이다

부소 : (의아하야) 누구유?

염노인 : 네가 구경하겠다던 바로 구 사신나리이시란다

부소 : 그럼 그분이?

가 : 미안합니다. 여로에 뜻하지않은 봉변을 당해서 고생하던 중 아버
님께서 후의를 베풀어주셔서 염치불고하고 따라왔습니다

염노인 : 말씀 낮춰하십쇼. 산두메서 아무렇게나 자라서 꼴이 저렇게
말이아닙니다. 누추하지만 비바람은 의지됐겠으니 맘 턱 놓고 쉬
십쇼

가 : 감사합니다

염노인 : 불은 나중에 때고 진지부터 차려오너라

부소 : 나무를 패다가 부엌으로 들어간다

가 : 밥은 그만두십쇼. 물이나 한그릇

염노인 : 물 한그릇 떠 오너라

부소 : (물을 떠들고 나와 공손이 바친다)

가 : 고맙습니다

염노인 : 이 옷 벗으시지요. 지레잡게

가 : 괜찮습니다

염노인 : 벗으세요

가 : 날만 새면 곳 떠나야 할 테니까

염노인 : 아니, 그 몸으로 떠나시다니, 아 얘 그런 말 마시고 여기서
맘 턱 놓고 물릴때까지 쉬고가십쇼

가 : 저두 쉬고싶지만

부소 : 밥상을 들고 나와 가앞에 놓는다

염노인 : 산두메라 찬은 없으나 한술 드십쇼

가 : (미안하야) 아이 이렇게 후대를 해주셔서… 그럼 사양않고 들겠

습니다. (하고 먹는다)

부소 : 몹시 시장하셨을걸요

가 : 사흘만에 수깔 드나봅니다

부소 : (부에게) 아이 매워서 못때겠내 아버지가 좀 때보슈

염노인 : 어듸 (하며 부엌으로들어가 불을 짚인다)

부소 : (가의 옆에 앉으며)그래 물건이야 도둑이 가져갔겠지만 일행은 어떻게됐어요

가 : 몇사람은 싸우다 죽고 나도 칼을 맞고 까무러쳤었는데 깨고보니까 뿔뿔이 도망을 갔는지 한녀석두 보이지 않습듸다

부소 : 저런 망할 녀석들. 그런데 댁에서 도둑 맞은 것을 나라에선 아직도 모르시지요?

가 : 이런 소문이란 빠르니까. 현감을 통해 상주됐겠지요. 일이 일인만큼 조정이 벌컥 뒤집혔을 겁니다

부소 : 그럼 댁에게 서울 가시면 파직 당하시겠군요?

가 : 파직뿐입니까, 귀양을 가거나, 투옥되거나 하겠지요

부소 : 아이 저를 어쩌나?

가 : 그까짓거야 두려울것 없지만 신하로서 존명을 봉행치못한게 죄송하고, 사내대장부로서 도적의 습격을 받어 보통물건도 아닌 공물을 잃었으니 어찌 얼굴을 들고 거리엘 나갈수 있겠소?

부소 : 그런데 서울에서 떠나실 때 그만한 고위군을 안데리고 나오셨든가요?

가 : 원체 밤중에 습격을 받어서 방비할 여지가 없었습니다. 더욱이 적이 오륙십명의 도군이라 중과도 부적했고

부소 : 대관절 어떻게 생긴 놈들이였어요?

염노인 : (부엌에서 버럭 소리를 질른다)

　　버릇없이 미주알 고주알 캐고 앉았네. 어떻게 생긴걸 알면 네가
　　찾어낼테냐?

가 : 이 근처에도 도적패가 있다는 소문을 들은듯 한데 혹시…?

부소 : 네, 이 산너머 안 송림에 있어요. 허지만 좀도적이라 조공가는
　　나라 사신을 몰아칠만한 담력갖인 녀석은 하낳두 없어요. 그것만은
　　제가 잘알어요

벼랑위에서 떠들석하더니 도적들 짓꺼리며 내려온다. 가를 발견하고
하수에 부복한다.

수피달 : (앞으로 한걸음 나오며) 대군나리께 아뢰오. 대군께서는 도
　　둑을 맞으셨다 하온데?

가 : 네

수피달 : 대관절 어떻게 생긴 놈이였습니까

부소 : 깜깜해서 자세 못보셨대

가 : 그중 한녀석은 내가 칼로 쳤는데 빗나가서 목이 안떠러지고 벙거
　　지가 떨어졌었오. 쫓아가서 다시 칠려니까 그대로 도망가는데 머리
　　를 깎었읍디다.

도적들 : (서로 얼골을 본다)

부소 : 어듸 그런 머리깎은 도적녀석 있는 것 못봤어?

청룡 : 금시초문인데

현 : (앞으로 나오며) 대군나리께 아뢰오 대군나리께선 앞으로 어떻게
　　하실려고 하십니까

가 : … 글쎄요….

부소 : 어떻허시긴 뭘 어떻거서? 푹 숲으로 바위속으로 도둑을 찾으셔 가지고 처음대로 연나라 서울로 가시겠지. (가에게) 그렇시지요?

가 : (흥미없는 듯한 어조로) 네

수피달 : 대군나리께 아뢰오

부소 : '대군나리께 아뢰오'는 한번 했으면 고만이야 그런말은 아모나 쓰는줄 아나? 다 격에 맞어야 하는 법이야

수피달 : 대군나리께 아뢰오

부소 : 푸-하고 웃는다

수피달 : (한층 점잖을 빼며) 대군께서는 그 도적을 혼자서 찾으실 작정이십니까?

가 : 나 혼자 남었고, 그렇지 않고라도 내가 정사니 혼자라두 찾어야 하지 않겠오?

부소 : (앞으로 나오며) 대군나리께 아뢰오. 사실은 저이들은 도적단 이온데

가 : 도적단요?

주작 : 네 바로 조금 아까 이자리에서 결성했었읍지요. 연이나 그러하 오나 일행이 수가 적어 앞으로 적당한 사람이 있으면 과거시험 치르 지않고 채용할려고 하든참입니다. 그러하오니 대군께서 혼자 찾으 시느니보다 저이들이 협력해 드리겠아오니 저이 도적단에 입단하시 면 어떻하겠아옵니까?

가 : 내가요?

주작 : 대군 나리께 아뢰오. 그렇게 놀라실거야 있아옵니까

염노인 : 주책이, 사람을 보고 말을 해, 나중에 벼락맞고싶은가?

주작 : 난 대군나리의 처지가 딱해서 하는 소리야

염노인 : (叱然히 그를 쏘아보며) 처지가 딱하시니 자네더러 동정을
청하시든가, 구원을 바라시든가. 말이면 다 하는줄 알고

부소 : 그리게 말이야. 대군께선 상감마마의 조카님이셔. 대광대감나
리의 맏아드님이시어. 운수불길하셔서 봉변은 당하셨지만 도적단
에 입단하시란게 무슨 망언이야?

백호 : 제기, 저 계집앤 뭐나 되는것처럼 떠들고 있네. 서울에서나 임
금님 조카시고 대신아들이시지 여기서두 그래? (낭송조로) 임금은
뭐고 조카는 뭐냐? 이런건 무변대해에가 찾어라

가 : 무어랬다? (하고 칼을 빼다가 무슨 생각을 했는지 다시 칼집에
넣는다.)

수피달 : (마주 칼을 빼고 덤빌려는 백호를 훔쳐갈기며) 이놈이 눈깔
에 뵈는게 없나? 어데다 이런 무뢰한 짓을

백호 : 성이 나가지고 획 나가버린다

수피달 : 대군나리께 아뢰오. 저눔은 무식한 버러지 같은 인간이니
치지도외하시고 곱깝게 생각마옵소서. 아까 이 주책이가 나리께 우
리 도적단에 무시험으로 들오시라는 건, 뭐 그냥 새겨듣지마옵소서.
들어시라는 것은 결코 아닙니다. 사실은 대군나리를 우리 도적단
두령으로 모시고저 한것입니다.

가 : 두령요?

수피달 : 네, 대군나리께 아뢰오. 우리들은 여간 대군나리를 존경하고
있는 게 아닙니다. 두령은 즉 다시 말하면 단장은 우리들에게는 임금

님이요, 이 낭림산의 산신령입니다. 그래서 신중에 신중을 기해서 골르기로 했습니다.

수피달 대군나리께 아뢰오. 대저 무릇, 즉 이 두령이 되는 데는 세가지 조건이 있어야 하는 법인데 첫재….애…첫재는…즉…그

장강 : 둥기준다, 천문자리에 능하고

수피달 : 애… 천문지리에 능통해야 하고, 둘째에 ..즉 그 조정에 관한 뭐에 능해야 하고

장강 : 정치에 능해야 하고 야

수피달 : 맞졌어, 그정치에 능해야 하고, 셋째 이 수피달같이 술을 먹어서는 않되고, 그런데 아무리 고르고 토파봐두 시 세가질 다 차지한 사람이 없습니다. 그래서 당분간 보류하기로 결의 했든 중, 대군께서 봉변을 당하시고 염로인에게 니끌리시여 그의 집으로 가셨다는 소릴 듣고 몰려왔던것입니다

가 : (갸륵한 그들의 죄없는 성의에 감격하야 긍지를 꺾인듯한 분노는 사라진다.) 그건 나를 '돌보고 하는 소리요. 나는 그런 자격이 전연 없오.

수피달 : 대군나리께 아뢰오. 그건 겸손의 말씀입니다. 수천명 벼슬아치중에서 뽑히시여 만리타국에 칙사로 가시는 양반이니, 천문지리는 물론이실게고, 대광아드님이시니 정친 환하실꺼고…우리두령은 대군 빼놓군 없습니다.

가 : 난 한시가 급한 몸이오. 날만 새면 떠나야겠오. 어떻게 안한히 여기 머물러 있을수 있겠오?(하고 니러선다)

염노인 : 아 웨 일어서십니까

가 : 한시바삐 범인을 찾어봐야겠오

부소 : 자꾸 두령되시라니까 역정이 나서 그러시지요?

가 : 저 사람들은 나를 대접하는 소린데 성이야 나겠오? 허지만 내가
　　도적패에 가담치못할 얘길 하려면 자연 저 사람들의 자랑을 꺾고
　　모약할 말을 안할수없게되지 안겠오? 그러니 내가 좀 괴롭드라두
　　떠나야겠오. (염노인에게) 신세 많이 졌습니다. (도군에게) 청을
　　못들어드려 섭섭하지만 노엽게 생각들 마시오. (부소에게) 잘 있으
　　시오

염노인 : 그럼 살펴서 가십쇼

부소 : 안녕히 가세요 (눈물이 핑돈다)

수피달 : 거 참 아까운 양반 놓쳤는걸

일동 : 그러게 말이야

부소 : (그를 보내고 들어오며 도군에게) 도둑눔 , 도둑눔, 도둑눔! (하
　　고 소리를 내어 엉엉운다)

도군들 무슨 영문인지 몰라 그를 쳐다본다　　　幕

제2막

십일후

대정 왕치겸의 저택

대청

건축은 규모가 고려의 민족성과 같이 웅대하고 화려하다

정면뒤는 수렴을 격하야 조원술을 다한 후원

그 뒤로 울창한 나무들을 둘러쌓고 높은 돌담이 솟아있다.

후원일우에 양녀 㐌毛母의 처소가 있으나 보이지않고, 좌변은 안채로 우변은 대문과 회랑으로 연한다.

단하엔 화분에 여러 가지 꽃이 한참 피었다.

시녀들 소제에 한창 바쁘다. 금적은 마로를, 은적은 회랑밭을 둘다 나모나의 시녀들이다

금적 : 은아, 아즉두 도령님한테선 소식이 없니?

은적 : (물 주든 손을 멈추며) 응.

금적 : 어떻게 된 노릇인가? 돌아가셨는지 살아계신지 대종을 잡을수가 없으니

은적 : *주 관찰사가 보고해오긴, *역과 *역사이에서 행방불명이 되셨으니까 그 근방 일대만 찾으면 알수 있을거라고 했다드라

금적 : 그래 육위에선 수색대가 나갔다든? 넌 느아버지가 령장이시니까 들었겠구나

은적 : 응. 삼십인령에서 기운센 장병들을 뽑아서 벌-서 **주로 파견했다나봐. 그리고 서북(좌평양) 병마사하고 주현관역에다 통첩을 해서, 샅샅이 찾으라고 했대. 허지만 도령님은 고사하고 일행 열여섯명중 한사람두 못 찾았다나봐

금적 : 그러 도적들도 물론 못잡았겠지?

은적 : 응. 방방곡곡에 방을 붙이고 수색을 하지만 아주 오리무중이라드라

금적 : (울음섞인 소래로) 이대로 영영 안 돌아 오시는게 아닐까?

은적 : 금인 제법 아기씨 흉낼 잘 내는고나

금적 : 흉내라니?

은적 : 아기씬 자나깨나 [은아, 큰 오라버님께서 이대로 영영 안돌아오
　　　시는게 아닐가] 하시곤 땅이 꺼질듯이 한숨을 혹 쉬시니 말이야
　　　호호호

금적 : 아이 기집애두....

이때 목련 (가의 시녀) 급히 달려온다

목련 : 애들이 큰일났다

금적 : 아-니 언니 웨?

목련 : 어제밤새로 궁중해선, 큰도령님한테 대한 생각이, 별안간 꿈에
　　　도 생각지못할 혐의로 바꿔졌다는고나

금적 : 혐의로요?

목련 : 응 이번공물은 도적에서 뺏긴게 아니라, 첨부터 큰도령님께서
　　　일행하고 짜가지고 한것같다고들 한다는구나 그래서 도적을 맞은척
　　　꾸며가지고 행방을 감춰버렸다는구나

금적 : 그럼 큰도령님께서 가지고 다라나셨다고 한단말이유?

목련 : 응, 그렇니 이런 어굴할데가 어데있겠냐?(금,은의 손을붓들며
　　　호소하듯이) 금아, 은아 너이들은 그소리가 곧이 들리니?

금적 : (오관이 동결된듯) 곧이 들리다니요?

은적 : 난 무섭고 치만 떨리우

목련 : 너이들만이 아니라 집안내는 물론이고 이 서울에 큰 도령님을
　　　아는 사람이면, 누구나 다 곧이들을래야 곧이들을수 없다고 할 애기

다. 더구나 난 도령님이 서울을 떠나 실때까지 부액하고 있었지만 그런 기색은 꿈에도 못봤다

금적 : 큰 도령님이 무엇이 답답하셔서 그걸 훔쳐가지고 달아나시겠우

은적 : 언니. 그런데 누가 그럽디까?

목련 : 지금 도령님의 빈방을 치우고 있는데 나모나 아가씨께서 지나시며 그러시더라

금적 : 대관절 누가 그런 허무한 혐의를 품고 있답니까

목련 : 대승 최주후어른을 비롯한 그 일파라나 보더라

은적 : 언니. 그럼 그자들이 큰 도령님을 시기하고 , 간교를 부려서 해칠려고 하나보우

금적 : 그렇지 않고야, 어떻게 그런 동에도 안될 죄를 둘러씌울려고 하겠우?

목련 : 돌아가신 마님께서 이소릴 들으신다면, 얼마나 복통하실가?

금적 : 그러게 말이유

은적 : 마님보다두, 큰도령님께서 사셔서 이소릴 들으신다면 얼마나 놀라시겠우? 만일 살아계시다면, 지금 백방으로 공물을 찾으려헤매고 계실텐데 이소릴 들으시면, 얼마나 역정이하시고 실망하시겠우?

이때 나모나 수심에 쌓인 얼굴로 들어온다. 여진추장의 딸이다 용모는 달으나 언어동작은 완전히 동화됐다
안쪽에서 여인의 애호하는 소리

나모나 : 누가 울고 있니?

목련 : 큰도령님 유모가, 도령님께서 혐의 받고 있으시단 소릴 듣고
  억울하다고 저렇게 울고 있답니다

나모나 : ...... (무언)

금적 : 그런데 아기씨, 대감님께서 그런 억울 하신 소릴 들으시고두
  웨 가만이 게셨을가요?

나모나 : 결코 그럴리가 없다고 딱 잘라 말씀하셨으나, 모두들 믿지를
  않더란다. 그리고 자식의 험은 어버인 모르는 법이라고 비꼬다싶이
  하드래

은적 : 그럼 상감마마께선?

이때 계속해 여인의 애호소래

나모나 : (목련에게) 들어가서 유모더러 그만울라고 해라. 대감마님
  들오시면 가뜩 역정나신데 더하신다고....

목련 [네하고 안으로 들어간다. 이 때 멀리서 집을 향하야 가까워오는
마차소래
이윽고 문전에서 정지한다. 馬鳴일성

금적 : 아기씨 대감마님께서 돌아오셨나봅니다
  금적, 은적이 미처 영접차 나가기도 전에 [즙애[즙애하고 노호하듯
  이 부르며 대광 왕치겸들어온다. 일생을 전장속에 보낸이라 노쇠하
  되 생년의 정휘하고 용맹한 풍모는 형형한 안광과 작열된 안색에
  그대로 남아있다

나모나 : 아버님 오십니까

치겸 : 네 작은 오래비 어데갔냐?

나모나 : 아까 금부에 간다고 나가나 보던데.....? 웨 또 무슨 일이 있었
　　어요?

치겸 : 그눔도 대승 최주후와 한패다

나모나 : 작은오라버니가요?

치겸 : 그래. 오늘두 지금껏 궁중에서 엄이 얘기가 논의됐는데, 대승의
　　말이[이건 우리들의 추측만이 아니라 대광어른의 둘째자제 광록대
　　부(光祿大夫)두 그렇게 믿고 있외하기에 일언반구두 대답못하고 창
　　황이 어전을 물러나왔다

나모나 : 작은 오라버니가 웨 그런 소릴 하셨을까요?

치겸 : 허느니 내가 그말이다. 딴 사람들이야 무슨 누명을 씨우건 동생
　　놈이 형을 두든은 못할망정. 같이 얼리어 부채질을 한단말이냐?

나모나 : (귀을 기울이더니) 들어오셨나보군요

이때 차자 섭 들어온다.

사헌대(時政을 논하고 풍속을 바르게 하는 곧) 근무의 섭청광록대부다

치겸 : (노기띠운 소리로) 어델 갔다오는 길이냐

즙 : 형님일이 걱정이 돼서 육위로 금부로 한바퀴 돌고 오는 길입니다

치겸 : 오늘 조회시에 최주후의 말이[이건 우리들의 속단이나 추측이
　　아니라, 대감의 둘째 아들 광록대부도 그렇게 생각하고 있읍니다하
　　는데 , 너는 어쩌자고 그런 경솔한 소릴 하고 뎅기는거냐? 더욱이
　　집안끼리도 아닌 남에게다

즙 : 사실을 알고있는 저로서는 도저이 은익할수가 없었읍니다

치겸 : 무어랬다? 사실을 알고있는 너로서는? 도대체 넌 무슨 증거로
　　네 형을 도적으로 모는거냐?

나모나 : 오라버니두, 할말이 있고, 못할말이 있으시지. 그런 경망한
　　소릴 웨 하고 단기시오?

즙 : 넌 가만있어!

왕치겸 : 대체 증거가 뭐냐?

즙 : 낭중에서 봉서을 꺼내서 아버지의 앞에 놓으며) 아버지, 저는 이
　　번 일에 대해서 전면 모르는척 할려고 했었습니다. 형 한분에 관한일
　　이 아니라, 우리 가문의 흥망에 관계된 일이라, 입을 봉하고 영원이
　　비밀에 붙일려고 했었읍니다. 그러나 아버님께선 저이들에게 공과
　　사를 결코 혼동치 말라 교훈해오지 않으셨읍니까? 제가 함구하고
　　진상을 이야기 않하면, 사를 위하야 일국의 대사를 헤아리지 않는
　　것이 됨으로 눈물을 먹음고 이야기했든것입니다. 이것을 보시면 만
　　사를 수긍하시게 될것입니다.

왕치겸 : (떨리는 손으로 편지를 편다) 들어가 안경 갖어 오너라

즙 : 제가 읽어드리겠읍니다. (읽는다) 전략, 형님과 헤여진후 향리에
　　돌아와 청경우독으로 소일코 있읍니다. 뜻하지않은 풍문을 들었삽
　　기에 형님께 전해야 졸지 않해야 졸지 망설였으나 백씨께 관한 이야
　　기라 간단이 진상을 물을겸 일필합니다

왕치겸 : 대관절 이 글의 남자가 누구냐

즙 : 보만이라고 대상 도선야의 둘째 아들입니다. 요전 저와같이 과거
　　시험을 보았다 낙제해서 아주 향리로 내려갔었든 것입니다. 저이
　　집에도 가끔 놀러 왔었음으로 아버님께서두 보시면 잘 아실겁니다

왕치겸 : 어서 계속해 읽어라

즙 : 원제 황태자경축사절로 백씨께서 뽑히시어 조공가시든 중 *역과
*역사이에서 불의의 도나을 맞이셨단 소문은 이 고을에도 쫙 퍼졌었
음으로 내심 적지않게 걱정하고 있었던 중 작안 제의 집에서 부리는
하인하나가 마을에 갔다오는 중 산중에서 원사나이를 만났었다합니
다. 그사나인 숫한 필묵과 금은보기를 내놓으며 자기들과 앞으로
일을 같이한다면 이물건을 주겠다고 했다합니다. 보니 필목의 포지
와 그릇의 상가에는 사위사(공물기계를 관하는 곧)의 도장이 찍혀있
었다 합니다. 그래서 불연듯 겁이나서 일단 돌아가 주인과 해약을
하고 와서 정식으로 참가하겠다고 한후 도망하다싶이 하야 달려왔
다 합니다. 머슴의 말이 그사람들은 모다 예복을 입었으며 그중에는
기골이 늠늠한 무관들도 있었다합니다. 제의 추측으로는 백씨와 그
의 일행이 아닌가 생각되오는데 만일 억측이였으면 관서하시기 바
라오며, 참고로 보고하는바입니다 여불비

치겸 : (분노와 의아의 참잡한 감정에 쌓이어) 그래 그 글이 언제 온거
냐?

즙 : 도착한지 사흘 됐습니다

치겸 : 그런데 웨 입마 나한테 보이길 않했었니...

즙 : 아버지께서 놀라시고 역정하시고, 실망하실까봐 참아보여드릴
용기가 없었든것입니다

나모나 : 하지만 이것만으로서야, 그사람들이 오라버니와 그 일행이
라고, 단정할순없지 않겠어요?

치겸 : 그놈이. 그놈이. 그놈이......

즙 : 형은 첨부터 이집을 떠나고싶어 했었읍니다

치겸 : 무엇이 답답해서 그놈이 집을 떠나고싶어 했단 말이냐?

즙 : ......

치겸 : 밥이 없나 옷이 부족한가. 의붓어미가 있으니 구박을했단 말이냐? 표독한 안해가 있으니 가정불화가 있었단 말이냐?

즙 : 아우로서 형의 이야길 아버님께 여쭙는게, 저는 중상을 하는것 같어 여쭙기가 지극히 괴롭습니다만 형은 하루바삐 가독을 맺겨주시기를 바라고 있었든것입니다. 그런건 아버님께선 물려주시지 않음으로 기다리다 기다리다못해 출분(出奔)을 한셈이지요

치겸 : 내야 어디 그녀석에게 상속을 아니 해줄려고 했나? 사실은 이번 연경엘 다녀오면 나모나와 혼례를 갖춰주고 가독을 맡긴 후 조정도 은퇴를 할 생각이였다

즙 : 형을 그것이 기다리기 지루했었든것입니다. 그래서 사실은 처음부터 칙사로 임명된것두 탐탐치않게 생각했을뿐더러 가기 싫어했었읍니다. 그것을 존명이라 거역지 못하고 억지로 떠났든것입니다

치겸 : 무어랬다. 칙사를 탐탁지않게 생각해? (격하야 부들부들 떨며) 고려의 왕실과 민초를 대표하야 원조제실의 경사를 앙축하는 칙사를 탐탐지 않게 생각해?

즙 : 아버님, 너머 역정치 마십쇼. 노쇠하신 몸에 해롭습니다. 형은 상감의 신하가 되느니보다 무뢰배의 대장되기를 늘 생각하고 있었읍니다. 저와 자리를 같이 할적마다 그런 소릴 해왔었읍니다. 그럴쩍마다 저는 불충물의를 간했었으나 형은 제말같은건 상대도 않고 비웃고만 있었든것입니다

치겸 : 모를일이다. 한자 물속은 볼수 있어도 한자 사람속은 모른다
　　　더니.....

즙 : 그럼으로 이번일은. 일행이 서울을 떠날때부터 치밀한 계획밑에
　　진행됐든것입니다

치겸 : 그렇니. 그놈이 공물로 군자금을 삼어 도단을 뭉을 계책이였
　　　구나

즙 : 그렇지요

치겸 : 그럼. 그것이 조정에 대한 반기요. 상감마마께 대한 반항이었단
　　　말이냐?

즙 : 동시에 아버님에게 대한 저항이 였읍니다

치겸 : 태조이후 이백년간 곱게 내려오든 우리왕실에 역적이 나다니?
　　　왕족이 그놈이 모반역모를 하드란 말이냐? 우리 가문은.....우리가
　　　문은.....

나모나 : 아버님, 오라버님의 어렸을적부터 자라온 자취를 다시한번
　　　　살펴보십쇼. 오라버니가 역모할 사람인가

즙 : 그야 네말대로 형님은 용감과 야심과 강직한 기개를 가지고 자라
　　셨다. 하지만 그것이 옳게 자라지 못하고 삐뚜로 자란것을 잊지마
　　라. 형님의 용감이란 도적이나 무뢰배같은 만용으로 야심은 권세에
　　대한 노예로, 강직한 기개는 반항정신으로 변했다. 그리고 네가 말
　　하는 그 부드러운 맘씨는 항간의 하천배 계집들에게도 정을 두는
　　방종한 탕성으로 변했단다

나모나 : 아니에요. 아니에요. 그건 억설이고 모함이에요.

즙 : 나모나야 형님이 네게는 의리의 오라버니요 나에게는 피와 뼈를

나눈 골육이라는것을 잊지마라. 네가 오라버님의 성질을 잘안다 하
지만 네가 우리집에 들어오긴 아버지께서 너의 고국 여진을 치시고
전왕의 유아이던 너를 데리고 오셔서부터가 아니야? 그때 네나이
열다섯이였으니까 삼년밖에 더됐냐?

나모나 : 허지만, 큰 오라버니께서 그런 역모를 않 하시리라는것만은
　　저두 알고 있어요

즙 : (냉소하는듯) 그야, 그렇겠지. 네겐 장차 남편될 사람이니까……

나모나 : (말이 쿡 막힌다)

즙 : (최촉하듯이) 아버님, 빨리 입궐하셔서 상감마마께 이 진상을 아
　　뢰시는게 좋을가 합니다. 끝까지 아니라고 버티셨다가, 나중에 진상
　　이 백일하에 들어나게 되면 자식의 죄를 감추기 위하야 황감하게도
　　성상을 속이시고 창생을 기만하신것처럼 되시지않겠읍니까. 더욱
　　이 아버님은 신하로서 최고의 관직에 계신 몸이온데……

치겸 : (비통한 소래로) 말 차비 하라고 해라

즙 [네] 하고 나간다

치겸 니어 나간다.

나모나: (어떻게 감정을 수습해야 할지 모르며) 그럴리가 없어. 그럴리
　　가 없어.

즙 父를 바래드리고 다시 나온다.

즙 : 나모나야 형은 그것뿐이 아니다. 너로선 더한층 상상도 못할 죄악
　　도 범하고 있느니라

나모나 : (공포에 떨며) 죄라니요?

즙 : 참으로 네 앞에 내 입으로선 얘기치 못할 일이다

나모나 : 뭔데요?

즙 : 차라리 듣지 않는데 낳을게다

나모나 : 무슨 짓을 하셨기에

즙 : 기어코 들어야 하겠나?

나모나 : 네

즙 : 형님은 이때까지 너를 속이고 시정의 하천한 계집과 정을 통하고
  있었다

나모나 : 딴 여자와요?

즙 : 그래. 바로 연경으로 떠나든 전날까지 그랬다. 네 앞에서. 혼인후
  의 살림에 대해서 달콤한 이 얘기를 하고 돌아서선 하천한 계집애를
  품에 안고 있었으니 신인이 공로할 노릇이 아니냐?

나모나 : (격하야) 혼례식을 앞두고 하천한 계집애와 .....(하고 입술을
  깨문다)

즙 : 내말을 믿지 못하겠거든. 형님이 돌아오시는대로 네가 드린 그
  비취 패물을 엇다 두었냐고 물어봐라. 얼굴이 파랗게 질리며 우물쭈
  물 뭐라고 둘러댈 것이다. 형님은 그때 들른 너의 아버지가 운명하시
  며 너에게 남겨 주신 그 패물을 지금 얘기한 그 하천한 계집애에게
  내주었었다

나모나 : 그 패물을. 그 패물을.

즙 : 그러나 그것이 오히려 나모나한텐 다행일지도 모른다

나모나 : (쏘는듯이) 다행이라니요?

즙 : 형님은 벌써부터 앞으로 도저이 너와는 결혼 못할 몸이 되고 말었
　　다

나모나 : 결혼 못할 몸이라니요?

즙 : 몸을 방종이 가졌기 때문에, 입밖에도 못낸 불결한 병까지 가지고
　　있으니 말이다. 그몸으로 어떻게 깨끗한 너와......

나모나 : 그만하세요. 그만하세요 (하고 손으로 얼굴을 싸고 도망하듯
　　이 달아난다)

치겸 무슨 생각을 했는지 도중에서 되돌아오다 딸과 마주친다

나모나 : (아버지 가슴에 업데여) 아버지 (하고 느껴운다)

치겸 : 모두가 이 애비 잘못이다. 내가 그런 놈을 애당초에 잣치만
　　않았든들 너를 이렇게 심뇌케 하지는 않었을게다

즙 : 웨 입궐치 않으셨읍니까?

치겸 : 애비자식새가 뭔지. 가면서 말우에서 아무리 생각해두 그놈이
　　그런 짓을 할 것 같지가 않구나 그래서 좀더....

즙 : (가로막으며) 아버지 그럼 지금까지 제가 말씀 엿준건 모두가 꾸
　　며낸 말이란 말씀입니까?

치겸 : 그런게 아니라

즙 : 그만두십쇼. 그래 아버님껜 큰 아들만 자식이지 작은 아들은 자식
　　이 아닙니까

치겸 : 내가 언제 널......

즙 : 그만큼 말씀 여쭈었으면. 조금이라도 신용을 하지 않습니까? 대관
　　절 무슨 대천지 원수가 있기에 제가 형을 중상하겠읍니까? 속담에도

팔이 안으로 굽지 밖으로 굽겠냐는말이 있읍니다 (하고 부를 쳐다본
다)

치겸 : 내가 직접 그 눔을 만나봐야 하겠다

즙 : (불안하야) 만나시다니요?

치겸 : 직접 그놈이 그릇을 노놔주고, 필목을 노놔준 랑림산에 가서
그놈을 만나봐야겠다

나모나 : (소생한듯) 아버님. 그게 젤 정확하겠어요

치겸 : 그래서 사실로 그놈이 무뢰배를 거느리고 랑인검객을 몰아, 반
역의 계획을 하고 있다면 부자지간의 천륜을 끊어, 이칼로 그눔을
베고 오겠다

나모나 : 아버님, 저두 따라가겠어요!

치겸 : 넌 못간다. 즙이. 넌 나하고 같이가자

즙 : (낭패해지며) 아버지, 직접 가보시는건 저도 찬동입니다. 그리고
사실은 저도 직접 형을 만나보고저 했었든 차입니다. 그러나 랑림산
일대는 원체가 산세가 험악하고 울창한 숲이 많어, 자고로 맹수독사
가 들끓고 도적과 랑인 무뢰배가 들끓고 있음으로 위험하실 것 같습
니다

치겸 : 육십평생을 戰陣속에 늙은 내다. 짐승과 도적이 무서우랴. 곧
떠나도록 준비해놔라 그동안 난 입월하야 사가를 받자오고 올터이
니...... (하고 나간다)

나모나 : 오라버니 그럼 빨리 준비하시지요?

즙 : 난 좀 바뿌니 네가 해다오

나모나 : 뭐뭐 싫으면 될가요?

즙 : 집사더러 얘기하면 다 알어. 나가는 길에 파금이 좀 드려보내다고
나모나 : 네 (금적에게) 그럼 가보자

나모나 금적을 데리고 나간다. 즙 어찌할 바를 모르고 낭패한다.
파금[불러 계셔 오셨읍니까?] 하며 들어 온다

즙 : 너 빨리 최대승댁에 가서 대승어른 좀 곧 오시래라
파검 : 조금아까 오셔서 기다리고 계십니다
즙 : 조금 아까? 그럼 빨리 들어오시래라

파금 대답하고 나간다
그는 섭의 심복의 시비다. 이윽고 대승 최주후 들어온다 교활하고 민첩
하고 표독한, 덕성이라곤 찾아 볼 수 없는 오십중노이다
즙 : 어서 올라오십쇼. 그리지 않어도 지금 사람을 보낼려는 참입니다

주후 : 무슨 일이 있었오?
즙 : 큰일 났어요. 아버님께서 직접 편지한 집엘 찾아가서 그이하고
    형을 찾아 보고 사실이라면 형을 칼로 베고 오겠다고 떠날 차빌
    하라고 하셨어요
주후 : 지금 어디를 가셨는데?
즙 : 궁중에
주후 : 거 일이 자꾸 틀어지는걸. 거길 가시는 날이면 모-든 비밀은
    탄로가 나고 말게 아니오
즙 : 그러니 어떻게해야 좋을지

주후 : 광록대부. 나에게 좋은 계책이 있오

즙 : 어떤?

주후 : 첫계획이 틀어지면 대봉칠 걸 미리부터 안출해 두었었오

즙 : 나모나가 나오기전에 빨리 하세요

주후 : (즙의 뒤에다 뭐라고 한참 속삭인다)

즙 : (한걸음 뒤로 물러가며) 난 그런 무서운 짓은 못하겠오

주후 : (위협하는듯) 이제 와서 그게 무슨 소리요?

즙 : 나는 이 이상 더 그런 무서운 죄는 못 짓겠오 선량한 형을 역적으
　　로 몰은 것도 죽어 지옥을 면치못 할 짓이거든 그 위에 또 어떻게
　　생사람을 생으로 매장을 하란 말이오?

주후 : 대부. 대부가 이제와서 발을 빼실려면 빠질상 싶소? 한반 엎지
　　른 물이 주서 담여질줄 아요?

즙 : 그야 아니될 일이지만.....

주후 : 나는 뭐 나 때문에 이렇게 주야로 뻔질나게 돌아다니고 있는줄
　　아시오? 오즉 대부를 위해서 양심을 괭이(고양이)에게 먹이고 악마
　　나 돼가지고 일하고 있는거요

즙 : ......그야 낸들 ......

주후 : 대부는 형님대신 사절로 연경에 가야 하오

즙 : ......

주후 : 형대신 아버님께서 은퇴하시는대로 이집을 상속해야 되요
　　그리고 형대신 연경서 돌아오는대로 나모나와 결혼을 해야하오

즙 : .....

주후 : 그리고 끝으로 상감마마께서 승하하시면 아래 혈통이 없으시

니 용상에 올라 이 나라의 주권이 되서야 하오

즙 : .....(흥분과 공포에 쌓인다)

주후 : 같이 있으면 의심을 살터이니 난 먼저 가겠오. 대광어른께서 돌아오시는대로 곳 그자에게 칼을 돌려 보낼테니 잘 처리하시오 (하고 나간다)

즙 : (쫓아가며)대승. 대승. (다시 들어와 불안과 가책에 안절부절 한다)

호외에서는 마차준비를 하는 남녀노비들의 떠드는 소래.
수행할 군들 졸의 왔다갔다 하는 소리.
마차를 대는 바퀴소래. 물건을 싫는 소리 .말울음소래. 채쭉소리 등등.
이윽고 왕치겸 다시 들어온다

즙 : 다녀오셨읍니까?

치겸 : 차비는 다 됐냐?

즙 : 지금 양식을 싫는 중입니다

나모나 들어온다

나모나 : 아버님 다녀오셨읍니까?

이때 파금 들어온다

파금 : 대감마님께 아뢰옵니다. 지금 큰 도령님을 모시고 갔든 호위군

졸 한 사람이 피를 흘리고 문전에 도착했습니다

치겸 : 빨리 데리고 들어오너라

파금 나간다

그의 안내로 가장한 호위군졸 한 사람이 들어온다 전신 피투성이며 피묻은 칼 한자루를 들었다

가장한 호위군졸 : 대광대감께 아뢰옵니다. 호국장군 왕가대군께서는 염주산성에서 검객역사를 몰아 군대를 조직하시던 중 배반한 부하의 칼에 억울하게 돌아가셨습니다. 숨이 다하실 때 끝까지 시위한 소인에게 이 칼을 주시며 서울 본댁에다 전하라고 한마디 남기시고 눈을 감으셨습니다.

즙 : (달려가 그 칼을 받아서 한참 드려다 보드니) 틀림없는 형님의 칼입니다

치겸 : (즙에게 칼을 받아 보드니) 과연 엄이의 물건이구나

나모나 울음이 터져 돌아서 운다. 치겸의 볼에 눈물이 흐른다.

즙은 우는 시늉

치겸 : 그럼 공물을 가지고 달아났었던게 사실이였구나

가장한 호위군졸 : 예. 그렇나 소인은 무슨 영문인지 모르고 그저 충실이 장군의 명령대로 복종하였을 따름이였습니다.

치겸 : 이게 내 자랑이요. 희망이요 온갖 사랑을 쏟았든 자식의 최후란 말이냐? 이렇게 무참하게 죽을 바에야 죄나 범치말고 죽을 것을.....

무거운 침묵

시종노비들. 가택내 용인들 단하에 나와 엎대여 소리를 낮추고 운다.

즙 : (눈물을 훔치며) 아버지. 그 칼자루에 뭐라고 글씨가 쓰여있는
　　듯 합니다

치겸 : 글씨가? 오. 참 피로 뭐라 씨였구나. 빨리 읽어봐라

즙 : (칼을 받아서 읽는다) 아버지, 불효를 용서하십쇼. 아우 집이
　　를……

치겸 : 아우 집이를 뭐라고 했느냐?

즙 : 내대신…..연경에….사절로 보내주십쇼

치겸 : 뭐 너를?

즙 : (고개를 숙인다)

치겸 : 어듸 다시 한번 보자 (하고 칼을 받어 돌안경을 쓰고 본다) 글씨
　　체가 좀 다른 것 같지않냐?

즙 : 숨이 끊어져 가면서 썻다니까 물론 다르겠지요

나모나 : (부에게서 칼을 뺏어보더니) 아버님 이 뒤에 글씨가 써있어
　　요

치겸 : 뒤에도?

나모나 : 네

치겸 : 빨리 읽어봐라

나모나 : (읽는다) 나모나야. 내 동생을 나와 같이 생각하고 사랑해주
　　어라
　　(하고 격한 동에 칼을 땅에다 떨어트린다)

-(간)-

이때 전갈도 없이 최주후 달려온다

치겸 : 어서오시오

주후 : 진국장군의 호위군노가 대감댁으로 들어가더라는 소릴 듣고
　　　달려왔는데...

치겸 : 대승. 내가 잘못했어. 대승이 말이 맞었었오

주후 : 그럼?

치겸 : 역시 그놈이 가지고 달아났었던거요. 그러나 이미 죽었으니
　　　용서하고 명복이나 빌어주시오.

주후 : 죽다니요?

치겸 : 천벌을 받았나보오. 제 부하손에 죽었다는군요

주후 : 썻 썻 가엽써라. 참 아까운 사람 잃었오
(하며 콧물을 훔치고 비감한 시늉을 한다) 그래 앞으로 어떻게실 작정
이요?

치겸 : 시체도 없는 장살 치를수야 있겠오? (땅에 떨어졌던 칼을 집으
　　　며) 이것이 그의 단 한가지 유물이니 보덕사에 가서 간단히 향이나
　　　올리고 관속에 넣어 묻도록 하겠오

주후 : 그럼 하루속히 대신으로 사람을 선정해서 연경에 보내야 하지
　　　않겠오?

치겸 : 그애 유언대로 집이를 보내고자 하고. 난 보덕사로 가겠으니
　　　대승이 미안하지만 이애를 데리고 입궐해 주시오. 그래서 상감마마
　　　께 자세한 말씀을 아뢰고 곧 공물을 싫고 떠나도록 마련해주시오

주후 : 염녀마시오

치겸 : 그렇나 큰애가 실패 했는지라 상상마마께서 이애에게 다시 분
　　　 부를 내려주실지?

주후 : 그건 나에게 일임하시오. 처음부터 엄장군은 적임자가 아니었
　　　 오. 그리게 내가 그처럼 광록대부를 극력천거치 안었었오?

치겸 : 대승이 역시 나보다 선견지명이 있다는걸 이번에야 말로 확실
　　　 이 알었오

주후 : 원, 무슨 말씀을...... 그럼 먼저 입궐하겠오 (즙에게) 가십시다

즙 : ......

치겸 : 빨리 모시고 가라. 일각이 급하다

주후 : 물론 아우로서 형님의 장례에 참석치못하는건 섭섭하겠지만
　　　 그건 어디까지나 사적일이오 조칙을 봉하는건 나라일이오, 빨리 갑
　　　 시다

즙 : 그럼, 아버지 다녀오겠습니다

치겸 : 오, 빨리 가라

즙 : 나모나야 그럼 다녀올때까지 아버님 뫼시고 잘 있어라

나모나 : (억지로)네. 먼길에 몸 조심하세요

파금 : (기다리고 있었는듯이 사모관대를 바치며) 갈아 입으십쇼

즙, 관대을 받아들고 주후를 따라 나간다

치겸 : (나모나에게) 그 칼 깨끗한 형겊으로 싸가지고 오느라

나모나 : (긴 수건을 꺼내서 싼다)

치겸 : (노비들에게) 마차에 싫은 것들 도로 내려라. 그리고 말 머리를
　　　 보덕사로 돌려라

노비 용인들 [예]하고 울며 나간다.
유모 담씨 거상을 쌓은 보자기를 두개 들고나와 치겸과 나모나 앞에 각기 한개씩 놓는다

나모나 : 유모 이게 모야?
담씨 : (울며) 어떻게 됐었을지 몰라 제가 내손으로 지어뒀든 것입니다
치겸 : 고맙소. 유모도 같이 가지?
담씨 : 다가면 누가 도련님 방을 지키겠읍니까 전 집에서 싫건 울기나 하겠읍니다
치겸과 나모나 들어가 애복으로 갈아입고 나와 무거운 걸음새로 나간다.
금적, 은적, 목련, 파금, 뒤따른다. 가장한 호위병도 따른다.

-(간)-

광대한 저택이 텅 비이니. 묘지길은 정적이 깃들기 시작한다.
이윽고 담씨 조그만 목반에다 향노하나를 놓아가지고 들어온다. 횡사한 서북편을 향해놓고 앞에 꿇어앉어 향을 피운후 명복합장하고 마치 생사람에게 이야기 하듯

담씨 : 도련님, 어떻게 그렇게두 무참하게 돌아가신단 말씀이오? 이 늙은 유모에게 가신단말도 한마디 않하시고 그냥 가셨오? 섭섭합니다. 이 늙은 유모는 혼자 집에서 싫건 울려고 절에는 않따라갔오.....(콧물을 훔친다)

이때, 텅 비인 택내 안채 쪽에서 [집아, 집아] 부르는 소래

담씨 귀를 기우린다.
이어서 나모나의 처소쪽에서 [나모나야, 나모나야]부르는 소래
담씨 벌떡 일어나, 소리나는 곳으로 달려갈려할 때, 다시 [아버지, 아버지]라고 부르는 소래.
담씨 주춤선다.
이윽고 [아버지 아버지]하며 엄 달려온다

엄 : 유모. 유모. 나야.

담씨 : (여우에 홀린듯 얼을 잃고 [네?]하며 멍하니 서있다)

엄 : 유모. 뭘 그렇게 얼빠진 사람같이 쳐다보고 있어? 나야 엄이야

담씨 : (도저이 믿을 수 없다는듯이 고개를 이리저리 흔든다)

엄 : (세차게 어깨를 치며) 유모! 나를 몰라봐? 이 집 큰도령 엄이야.
　　연경에 사신으로 갔든 엄이야

담씨 : (그때서야 꿈이 아니라는 것을 깨닫자 달려가 [도령님]하고 그
　　앞에 엎어져 운다)

엄 : (격하며) 오래 기다렸지? 그런데 모두들 어디갔어? 집이 텅 비였
　　으니....

담씨 : ......

엄 : 모두들 어디갔어? 아버님도 않게시고 나모나도 집이도 없으
　　니......그리고 밖앗채에 하인들도 하나두 없어 암만 불러두 대답이
　　없길래, 그 동안에 이사하셨나 했지

담씨 : ([도령님]하고 울기만 한다)

엄 : 그렇게 울고 있지만 말고 얘길 좀 해. 무슨 일이 있었어? 응?

담씨 : ......

엄 : 가깝해 죽겠어. 그동안에 집안에 무슨 일이 있었던 게군? 그래? 유모

담씨 : (고개를 *끄떡끄떡*이며)어떻게 이렇게 살아오셨어요?

엄 : 다 죽고 나만 살았어. 곧 돌아올려고 했지만 빈손 들고 무슨 면목 으로 상감마마와 만조백관들을 대하겠어? 그것보담도 어떻게 아버 님 앞에 나타나겠어? 그래서 팔방으로 도적을 찾어댕기느라고 오늘 까지 걸렸어

담씨 : 그럼 공물을 찾으셨어요?

엄 : 찾았어

담씨 : 찾으셨어요? 그럼 밖에 있오?

엄 : 어데 숨겨있다는 것만 탐지해놓고 왔어 그놈들을 무찌르는거야 나 혼자라두 넉넉하지만 물건을 싫어올 수가 있어야지. 그래서 챙피 하지만 서울에 돌아와서 응원을 구해서 군졸들과 마차를 데리고 가서 그놈들을 일망타진하고 싫고 올려고 부*끄*럼 부릅쓰고 달려왔 어!

담씨 : 그럼 도령님께서 부하의 칼에 돌아가셨다는 건 거짓말이고요?

엄 : 뭐? 내가 죽어? 이렇게 유모 앞에 멀뚱멀뚱 살아서 얘기하고 있지 않어?

담씨 : 예.....

엄 : 뭐개[예]야? 별안간 여우에 홀렸어?

담씨 : 도령님, 이 늙은 유모는 도령님이 나시든 해부터 오늘까지 시중

을 해왔었오. 꼭 한가지 여쭤볼 말씀이 있으니, 속이시지 마시고 바른대로 말씀해주슈

엄 : 무언데?

담씨 : 도령님, 도령님께서 공물을 가지고 도망을 하셨다는게 사실이오? 거짓이오?

엄 : 무어? 도망?

담씨 : 예

엄 : 누가 그런 무엄한 소리를 해?

담씨 : 세상에 쫙-그렇게 소문이 돌고 있답니다. 그리고 조정에서도 상감마마와 중신들이 모두 그렇게 생각하시고 계시다우

엄 : 상감마마께서도?

담씨 : 예. 뿐만아니라 집에서도 대감마님과 작은 도령님과 아기씨 모두들 그 소릴 믿고 있으시우

엄 : (분노에 떨고) 아버님께서도? 나모나도? 그리고 동생도?

담씨 : 이 할멈을 끝까지 도령님이 그런 나쁜 짓을 하셨을 리가 만무하다고 생각하고 있었오 내 젓으로 내가 키웠는데 모르겠오? 버선목을 뒤집듯이 알고 있었오. 대관절 그게 사실이오?

엄 : 그래. 아버님 께서는 어데 가셨어?

담씨 : 보덕사에 가셨다우

엄 : 거긴 웨?

담씨 : 대감나리께서 직접 산에 가셔서 도령님을 만나보시겠다고 하시고 작은 도령님을 데리시고 랑림산으로 떠나실려는데......

엄 : 그런데?

담씨 : 그때 도령님을 모시고 갔든 군졸 하나가 도령님이 부하의 손에
    돌아가셨다고 하면서 도령님이 쓰시든 칼을 가지고 왔었오

엄 : 내가 쓰든 칼을?

담씨 : 예. 그래서 모두들 울고 대감마님과 나모나아가씬 모두들 더리
    시고 장례식하러 지금 막 나가셨다우 (하고 운다)

엄 : 어느 놈의 행윈지 주밀하게두 얽어놨구나. 그래 조공의 건은 어떻
    게 됐대?

담씨 : 새로 칙사를 파견키고 됐다구하오

엄 : 누가 결정됐는데?

담씨 : 작은 도령님께서 임명되시어 아까 입궐하셨오. 지금쯤 어전을
    물러나오시어 일행과 함께 서울을 떠나셨을거요.

엄 : 그럼 나는?

담씨 : 파. 파직이 되셨다 합니다.(하고 운다)

엄 : 파직? (하고 마루에 가 주저앉는듯 앉는다)

담씨 : 예.(돌연 눈물을 닦고) 도령님, 이 유모생각엔 꼭 누가 도령님을
    모함할려고 일을 꾸며논 것처럼 생각되오 그러니 빨리 절로 가서서
    장례식을 걷어치우시게 하시오. 그리고 궁중에 들어가시어 상감마
    마를 뵈옵고 자세한 사연을 아뢰오시오. 그래서 다시 연경으로 떠나
    시도록 하시요

엄 : 지금 가서 변명을 한듯 무엇하겠어?

담씨 : 허지만 웨 죄 없이 누명을 쓰고 살아계신 채 장사를 당하신단
    말이오? 않될 말씀이오. 않될말이야

엄 : ....

담씨 : 어서 빨리 가보시오. 작은 도령님께서 아직 남대문을 지나시진

　　않으셨을거요. 곳 중지하시게 하시고 도령님께서 떠나시오

엄 : ⋯⋯⋯⋯(조용히 이러서 무한이 슬픈 얼굴로 허공의 일각을 한

　　참 쳐다보고 있드니 비통한 소래로) 유모, 난 다시 떠나겠어

담씨 : 떠나시다니요? 어데로요?

엄 : 내가 첨 도적을 맞었던 랑림산골로!

담씨 : 앗다가 거기는 또 왜요

엄 : 난 오늘이야 말로 서울이 얼마나 더러운 곳이라는 것을 알었어.

　　그리고 조정이 얼마나 불순한 곳이라는 것도 알었고⋯⋯

담씨 : 허시지만 랑림산골두 역시

엄 : 거기엔 나를 신령님과 나를 하늘같이 존경하는 사람들이 있어.

　　나를 임금님같이 섬기고 산신령같이 떠받치고 싶어하는 사람들이

　　있어. 나는 그들을 천하게 생각하고 경멸했지만 오늘 비로소 그들이

　　나한텐 얼마나 필요한 사람들이라는 것을 깨달었다

담씨 : 허지만 도령님⋯⋯

엄 : (타일르듯이) 이거봐 유모. 내가 마지막 유모한테 청이 하나 있어

담씨 : (훌쩍어리며) 무슨 말씀인지?

엄 : 내가 집에 왔더란 말. 아무한테도 말어줘. 응. 아버님과 작은 도령

　　님과 아기씨한테도 절대로 얘기 말어줘⋯⋯ 내가 만일 유모말대로

　　궁중엘 가서 공물을 가지고 조직을 한다면 작은 도령님이 얼마나

　　실망하겠어? 남대문밖에서 서민들 앞에서 내가 동생과 교대를 했다

　　면 작은 도령님 꼴이 뭐가 되겠어? 난 기왕 죽은 사람으로 됐으니

　　나만 없어져버리면 그 아니겠어? 그러니 일절 아무한테도 내가 살아

서 돌아왔더란 말말어 마러

담씨 : ......(고개를 끄덕인다)

엄 : 유모, 그럼 대감마님과 아기씨 모시고 잘 있어 (하고 표연히
　　나간다)

담씨 울며 그의 뒤를 바라본다.　　막

제3막

랑림산중의 도적산채

　　인적미답에 도끼자국이 않찍힌 채 아름드리 천년노수가 백주에도
암울을 이루고

　　울창하게 복립하고 있는 태고림 락상한 층암괴석, 내려다보기만 해
도 현기증이라 천고단애 고소가 있는 종립된 절벽

삼도천 양안 같은 깊은 계곡

맹수독사가 서식함직한 깊은 동굴

멀~리 층층히 연한 해발만척의 랑림산맥의 고봉들

우변의 동굴에는 큰 문이 세워있다.

그 앞에 도적들의 집합과 해산을 고하는 종루

근처에 폭포가 있나 보다

요란한 물소리

밤

　　황토불이 뻘거케 피어오르고 산채를 지키는 수직이 도적 두사람이
이리갔다 저리갔다 한다

이윽고 멀-리 원정나간 도적들이 귀굴을 고하는 각고한 진원소래

도적1 : 모두들 돌아오나보군 (하고 횃불을 들어 신호를 한다)
도적2 : 뚜-하고 호응의 진패를 분다
이윽고 쌍횃불을 든 도적을 앞세우고 원정갔던 엄.일행을 거느리고
들어온다. 말울음소리. 떠들고 짓거리는 소리
각기 금촉대.은촉대. 금은동기. 세사필목. 희사상자. 철궤 등을 들고
들어온다.
뒤따르는 일행을 공물궤짝들을 메었다.
그 뒤의 일행은 남녀승려와 무장한 승병들을 포박해 가지고 끌고온다

엄 : (횃불을 들며) 빠진사람 없이 다-들 돌아왔나 세봐라
백호 : (횃불을 들고 둘러보더니) 수피달이가 않 보입니다
엄 : 수피달이가?
백호 : 젤 나중에 따라오드니 떨어졌나보군요
주작 : (산울을 향하여)수피달이-
장강 : 수. 피. 달. 이 -

멀-리서 [어-]하는 소래

청룡 : 저-기 오나봅니다
주작 : 난 사실 말이야 말이지 . 두령께서 그렇게 칼을 잘 쓰시는 줄은
　　전연 몰랐었오
백호 : 몸이 훅훅 날르십디다

청룡 : 한칼에 승병놈들이 대여섯놈식 툭툭 쓸어질땐 사실이지 나두 신바람이 났오

주작 : 두령은 우리가 잘맞났지 잘맞났어

 수피달 고리짝 하날 메고 낑낑대며 올라온다

엄 : 그건뭐냐?

수피달 : 저. 저. 아무것두 아닙니다. 판두방에 있는 허접쓰레기를 버리기 아까워서 그냥 여기다 틀어넣가지고 왔읍니다 (하고 한쪽구석에다 내려놓고 진땀을 씻는다)

엄 : 치사스럽게 뭘 가지고 올께 없어....판두방 허접쓰레기를 메고온단 말이냐! (도적들에게) 저놈들 중에 주지놈을 이리로 불러내라

주작 : (포박한 승려들에게) 어느 놈이 주지냐?

주지 : 소승이 화상이올시다

 주작, 백호, 청룡, 주지를 끌어다 앉힌다

엄 : 대체 무슨 이유로 조공가는 일행을 습격했었니?

주지 : 저이들은 도닦는 향도들이오. 사신을 습격하다니

엄 : (땅을 발로 꽝꽝 굴르며) 도닦는 중놈들이 창은 왜 갖었으며 칼은 왜 들었냐? 곡간에 쌓인 갑옷투구와 궁시 창검은 어디다 사용하는거냐? 그리고 그 무기들에 묻은 피는 닭 잡은 피란 말이냐? 노루사냥한 피란 말이냐? 저렇게 공물들이 너희 절 곡간에서 나왔는데 끝까지 거짓말을 하겠단 말이지?

(부하들에게) 이놈 주릴 틀어라

도적들 [예]하고 주지를 엎어놓고 창끝으로 누른다

엄 : 이놈아. 경속에 적힌 지옥이 구천지하에 있는 것이 아니라. 여기
　　가 바로 산지옥이다

수피달 : 두령은 염마대왕이고 우린 빨강귀신. 파랑귀신이야

백호 : (주위를 가르키며) 저게 지옥봉이고 저 내가 삼도내(河) 이야.
　　이 길이 내꿀가는 황천길이고 저 골짝이가 바로 고대꿀이야

　승려들 공포에 쌓여 서로서로 얼굴들을 본다.

청룡 : 지금 두령께선 왈 염마경이라는걸 갖이고 계시는데. 그건 너희
　　들이 제일 무서워하는 거울 일게다. 썩 한번 꺼내서 들여다보는 날이
　　면. 무기가 얼마고 병정수효가 얼마고. 싸움을 몇번 했고. 정치에
　　얼마나 간섭했고. 조정에 들어가 무슨 얘기 무슨 얘기한 것이 다
　　적혀있을뿐 아니라. 허다 못해 너희놈들이 부처님 앞에서 경읽다가
　　방구뀐 수효두 세세히 적혀있단 말이야

주작 : 그것뿐인가? 백성들한테서 도조받은 쌀이 얼마. 아들낳게 불공
　　들여 준다고 뺏어 먹은게 얼마. 절 짓는다고 혹은 수리한다고 동량받
　　어서 끼리끼리 나눠 먹은게 얼마. 아주 그야말로 세세히 적혀있지.
　　적혀있어.

엄 : (돌연 닥달이듯) 네 이놈, 주지야 들거라. 어째서 공물을 훔쳤는
　　고?

주작 : 빨리 대답하렸다!

엄 : (주지에게) 정말 고태골 구경이 하고 싶으냐? 호랭이 늑대 말만
　　들었겠지? 정말 한번 볼테냐?

주지 : 대. 대. 대답하겠읍니다.　저희는 명령에 복종했을 따름이였오

엄 : 명령?

주지 : 네

엄 : 그럼 누가 훔치라고 해서 훔쳤단 말이지?

주지 : 네

엄 : 그게 대체 어느 놈이냐?

주지 : 대승 최주후 어른과 은청 광록대부 집대군이오

엄 : (경천하야 재차 묻는다) 무어? 은청 광록대부?

주지 : 네. 청향궁의 둘째 아드님이요.　대군의 바로 동생이오

엄 : 그럼 그놈이. 어째서?

주지 : 자세히는 모르나 아마 대군대신 연경에 사절로 가실려고 한
　　책도였다 합니다. 저희는 대승 어른께서. 아무아무날. 어데어데로
　　사신이 지나가니 습격해서 보관하라고 해서 명령에 복종했을 따름
　　이오

엄 : 너희 절에 최주후의 첩이 있다지?

주지 : 네

엄 : (포박해온 남녀승녀를 가르키며)

주지 : (둘러보더니) 여승이온데 저긴 보이지 않습니다.

엄 : 무어 여 승?

주지 : 네 본신 신앙이 깊은 독신한 처녀였었는데 대승어른께서 그만
　　탈을 내놓신 후...

엄 : 그런데 왜 저 속에 없단 말이냐?

주지 : 자다가 습격을 맞아서 소승도 어데로 도망갔는지 모르겠지만 분명히 산문 쪽으로 벌거벗은 채 달아나는 것 같았읍니다

엄 : 산문으로?

수피달 : (당황하야 막으며) 이놈아. 거짓말 말어라. 두령하고 다른 사람들은 전부 법당 관두방쪽으로 들어가서 토끼몰 듯 밖으로 내몰고 산문에선 나하고 주책이가 지켜서서 나오는대로 연놈하나 않빼놓고 배추단 묶듯 묶어놨는데 . 그런 계집이라고는 치마짜락 그림자두 못봤다 (주작에게 눈을 꿈쩍꿈쩍하며) 그렇지? 주책이

주작 : 으. 응 (하고 흐려버린다)

엄 : 거. 분한걸. 좌우간 저놈들을 끌고가서 바위구멍 속에다 털어넣워라. 그리고 그중에 도적놈이 되겠단 늠은 입당 시켜줘라

엄 : 그래 그 대승이 가끔 이절에 들르느냐?

주지 : 네. 내일이 오시는 날이오

엄 : (수피달에게) 그 계집 중을 찾아봐라

수피달 : 그 까지 것 찾어서 뭘 하실렵니까? 두령님께선 입만 아프실텐데

엄 : (가로막으며) 찾어봐라

수피달 찾는척하고 나간다

엄 : (도적들에게) 저놈을 앞세우고 가서 감춰둔 것을 꺼내오너라. 그리고 물건대신 저놈들을 틀어넣둬라

도적들 [예]하고 주지를 앞세우고 아까 포박한 중들을 끌고 들어간다.
무대에는 엄만 남는다.

-(간)-

이때 멀-리서 부소의 노래소리 들린다
말아 말아 빨리 가자
랑림봉에 해지기전에
해가 지면 우리낭군
산곡에서 노숙한다

엄 : (달려가 아래를 내려다보며) 너 술이 아니냐?
부소의소래: 누구 한사람 내려 보내주세요
엄 : 왜?
부소의 소래 : 이놈의 말이 주저앉어서 말을 들어먹어야지요
엄 : 그 나무에다 매달어두고 너만 올라오면 되잖냐?
부소의소래 : 누굴 약을 올리는 셈이세요? 이 술동일 들고 거길 어떻게
　올라가란 말이에요? 빨리 누구 한사람 보내주세요
엄 : 지금 마치 아무도 없는데...... (하더니 그냥 자기가 내려간다)
간
이윽고 엄과 부소 술동이를 둘이서 들고 올라온다.
부소 : (후- 한숨을 쉬며) 젖먹은 기운 다 빠졌네. 깜깜해서 뭐이 보여
　야지요
엄 : 그런데 아닌 밤중에 여긴 왜왔냐?

부소 : 왜왔냐가 뭐에요? 이렇게 술동이 가지고 오지 않했어요?

엄 : 그건 알지만 왜 술을 가지고 예까지 왔냐 말이다

부소 : 가지고 오래니까 가지고 왔지요

엄 : 누가?

부소 : 누군 누구에요? 랑림산 도둑패들이지 (주위를 한바퀴 둘러보며) 그런데 모두들 어디로 갔어요?

엄 : 곡간에 공물 꺼내러 갔단다

부소 : 그럼 그때 잃어버렸던 것 기어코 찾으셨군요?

엄 : 응

부소 : 아이 좋아. 어디 구경 좀 해야지

엄 : 그런데 술은 뭐 한다고 가져오라든?

부소 : 아. 오늘밤. 이절에서 대군님 축하잔치 하신다면서요?

엄 : (놀라며) 축하잔치?

부소 : 네 도둑패 두령되신 축하잔치 한다고 그래서 끌고 왔지요. 그렇지 않으면 누가 저걸 싫고 이 꼭대길 와요? 랑림봉서 여기가 몇십리라고

엄 : 아니. 그럼 바로 여기서 잔치를 한단 말이지?

부소 : 그럼요 웨 대군님은 그런 얘기 모르세요?

엄 : 첨 듣는 소린데……

부소 : 그럼 괜히 가져왔게요? 대군님 잔치 한대니까 이 깜깜한데 들고 왔지 다른 사람 잔치라면 가지고 오기나 했나요?

엄 : 이게 또 필경 수피달이 수작인가보다

부소 : 아부지하고 나하군 일해가지고 소굴에 돌아와서 허면 어떻냐

고 했더니 부득부득 절에서 해야만 흥이 난다고 하는군요 장군, 술은 떨어뜨린 산성에서 달을 보면서 먹어야 좋고, 도둑놈 술은 담 넘어간 집에서 껌껌한데 먹어야 맛이 있다고 하면서 죽여주 살려주 해서 이렇게 끌고 오지 않았어요.

이때 도적들 공물든 궤짝들을 들고 나와 한쪽에다 놓는다.

도적들 : 술이 왔구나?
부소 : 응
백호 : 애 댔다. 이따가 코구멍에 대추나 하나 박어 주마. 히히히
부소 : 그게 인사야?

수피달 들어온다.

수피달 : 원 최주후 첩년이라군 그림자도 없습니다 (부소를 보고) 가
　　　지고 왔구나?
엄 : 최주후 첩보담도 어떻할라고 여기서 잔치를 한다는 거냐?
수피달 : (머리를 긁적거리며) 여늬 잔치하고 달러서 절에서 해야만
　　　되겠기에......
엄 : 축하식이 다 뭔가? 그런건 다 부질없고 쑥스러서. 그대로 밝기전
　　　에 빨리들 돌아가자
수피달 : 허지만 사람에게 예의범절이 있어야 하지 않습니까? 병마사.
　　　도단련도 새로 도임할땐 의례 잔치하는 법이오. 나라에서도 임금님
　　　이 옥쇄 돌려받으실 땐 의식이 있지 않습니까? 도둑놈이 죽어도

엉엉 울어주는 사람이 있어야 좋고, 행랑채 과부 딸 귀머리도 그냥
풀어주면 섭섭하답니다.

청룡 : 오늘은 두령은 손님이십니다.

백호 : 굿이나 보고 떡이나 잡숩쇼

주작 : 그저 구경만 하고 계십쇼

수피달과 도적들 준비차 원내로 들어간다.

부소 : 좀 여러봐두 괜찮어요?

엄 : 얼마든지.

부소 : (뚜껑을 열고 휘황하야) 아이고 어쩌면 어떻게 번쩍번쩍 하는지
눈이다 부시게 (하고 왕관을 꺼내보고, 또 왕비복을 꺼내본다) 난
언제나 한번 이런 걸 쓰고 이런 걸 입어보나.

엄 : 그거 너 주랴?

부소 : 이것을요?

엄 : 응

부소 : 그럼 이것을 나라에 도로 있다 바치지 않으세요?

엄 : 응. 모두 노나 줄려고 한다

부소 : 아이 좋아라 (무슨 생각을 했는지 다시 궤속에다 넣으며) 허지
만 이걸 입으면 뭘해요? 개발에 편자지

엄 : 왜?

부소 : 나같이 이런 산드메서 도둑놈들한테 술이나 파는 계집애가 저
런 걸 입을 자격이 있어야지요?

엄 : 그럼 딴 것 뭐든지 갖고 싶은 것 있으면 말해봐

부소 : 정말요?

엄 : 응

부소 : 대군님 앞섶에 차신 그 패옥

엄 : 이거? 이건 안돼!

부소 : 왜요?

엄 : 이건 누가 나한테 선물로 준거야. 그러니 아무리 친한 사람이라도
　　이것만은 줄 수 없어

부소 : 그거 드린 사람이 여자에요? 남자에요?

엄 : 아무면 어때?

부소 : 아니 글쎄 말이애요

엄 : 그건 알어 뭘해?

부소 : 여자지요?

엄 : ......

부소 : 난 다 알아요! 그 여자두 귀족이시지요?

엄 : 응. 나모나라고 북쪽 여진이란 나라의 공주이셔

부소 : 그럼 그 색시하고 앞으로 혼인하시게 되겠군요? 이게 그 약속한
　　표지요?

엄 : 그런건 아니야

이때 도적패들 호피를 한 상자, 도끼, 기치창검을 들고 들어온다.
수피달은 주지를 포박을 끌러가지고 더리고 왔다
의자에다 강제적으로 엄을 앉힌 후 앞에다 모피를 깔고 좌우로 늘어선
다. 부소도 끌리어 한쪽에 선다

주작 : (점잔을 빼며) 에 지금부터 자랑스러운 우리 랑림산 도적당의
　　두령을 받드는 의식을 거행하겠읍니다

도적들 : 히히히 (하고 기성 함성을 친다)

이때 염노인 숨이 가쁘게 올라온다

염노인 : 여보게들. 두령 빨리 이 잔치 걷어치우도록 하슈

도적들: 걷어치여?

엄 : 무슨 일이 있었어요?

염노인 : 오늘 읍에 갔다 이상한 얘길 들었오. 대승 최주후가 상감마마
　　께 아뢰여서. 이 랑림산과 송림일대의 산적, 화적, 야도패들을 일제
　　히 소탕하기로 했다는구료. 대명을 받고 서북병마사가 기마군대를
　　거느리고 이쪽으로 떠났다는 얘깁니다

엄 : 그럼 우리들을 소탕하겠단 말이지요? 하하하하하 (하고 대소한
　　다)

수피달 : 어디 한번 잡아보라지

도적들 : 하하하하

염노인 : 그렇게 웃을 일이 아니오. 당신네들 떠난 후에도 웬 수상한
　　놈들이 산기슭 쪽에서 왔다 갔다 하는 것을 내가 봤오

엄 : 그까짓 놈들이 무서우면 애당초에 도둑당에 들어오질 않았겠오

수피달 : 어서 빨리 내려가슈. 괜히 올라와서 남 잔치 흥만 깨뜨려
　　놓고 왔네

염노인 : 허지만

엄 : 영감님. 걱정 마십쇼. 서북병마사가 십만군대를 거느리고 온들
　　조금도 겁날것 없오. 처들어오면 일전을 사양치 않겠오

주작 : 영감님. 남 의식 거행하는데 왜 올라와서 방해요? (일동에게)
여러분. 이 주책일 보아주시오

도적들 : 빨리 해라

주작 : 에. 지금부터 자랑스러운 우리 랑림산 도적당의.....

도적들 : 두령 받드는 의식 한다는 건 아까 하지 않았냐? 그다음 빨리
시작하게

주작 [에 그럼 그다음하고 백호에게 눈짓을 하니 산채에 들어가 주지
를 끌고 나온다. 도적들 함성을 친다. 주지 벌벌 떨며 식히는대로 목탁
을 두들기고 축원의 염불을 한다.
염불이 끝나니 수피달 허연 백지를 접은 축사 같은 것을 들고 심각한
표정으로 엄의 앞으로 나온다

수피달 : (축문을 읽는 식으로) 단풍은 연홍이오, 황국은 토양할 때,
천고마비하고 추야장 달밝어. 벌레우는소리에 낭군 기다리는 규중
처녀, 심신이 싱숭생숭하고. 들에는 오곡백과가 풍년들고, 우리 간
에는 돼지다리가 푸둥푸둥 살이 올라. 도적질 해먹긴 똑 알맞는 이때
에. 우리의 두령을 모시게 되는 건. 참으로 기뻐 마지않는 바이니라

도적들 : (히히히 하고 떠든다)

주작: 여러분 정숙하십쇼

수피달 : 대저 무릇 즉 천지는 부모여라. 만물은 처자로다, 강산은 형
제어늘, 풍월이 붕우로다. 이중에 두령과 우리도적들 앞으로 대의를
지키고 섬기고 사랑하야 대가리가 팟뿌리가 될때까지 길이길이 만
수무강 하고지고 때까지 길이길이 만수무강 하고지고.

도적들 : (히히히 기성을 친다)

수피달 : 돌아보건대 자랑할시고. 랑림신 우리소굴에는 부두령으로는
역발개세의 이 수피달이 가 있고 천하장수 주책이, 청룡이, 백호,
현무의 사대문이 있어. 참모지모로 장강이가 있고, 그 아래로 충신
도적 효자도적이 감자새끼같이 무수하고 목왕천자 항우장사. 명황
영주가 나무단 같이 묶여 덤벼도 발고락의 고린내도 못맡을 만고불
구의 영웅 우리 두령이 우리를 명령인도 하시니. 천지신명이여, 천
황씨 지황씨여 이 뜻을 아오시고 우순풍조하셔서 금년 일년두 한사
람두 붓들이거나 상하는 사람없이 도적질 잘해먹게 될 것 같습니다.

도적 : 히히히 (폭소, 기성)

수피달 : 대저. 무릇. 직 도적이 크고 적고. 유명하고 무명한 것은 그
도적의 목아지에 걸린 나라의 상금이 많고 적은데 인 참이니, 오늘
이 좌석에서 이 수피달이는 한층 무거운 책임을 느끼는 바입니다.
그러나 조금도 걱정 마옵소서. 우리는 헌나보력하야 두령의 목에
백미 오백석과 기와집 한 채와 비단 오백필과 전무후무의 상금이
걸리도록 분골쇄신 힘을 다 하겠읍니다

도적들 : 히히히히(하고 기성을 치며 깡똥 따위들 두들긴다)

수피달 : 그렇게 되면 두령과 우리들의 이름은 고려천지에 전파되여.
랑림산 도당이 용명은 하늘 끝까지 닫게 될 것이오. 천하를 풍비할
것이니. 우리를 흠모하고 부하가 되겠다는 지망자들이 운하같이 몰
러오게 될 것입니다. 그럼 부하들이 또 늘게 될 것입니다 도적 부두
령 수피달이 문은 절하고 붓은 치하나 감히 두령의 뜻을 받들어
일동을 대표하야 자에 축의를 바치는 바입니다

수피달 절하고 뒤로 물러나니 도적들 노래를 부르기 시작한다

주작 : 여러분. 정숙히 . 아직 끝않났습니다. 지금으로 부터 우리의
산신령이오 임금인 두령께 영광스럽고 . 자랑할 두령의 옥관을 바치
기로 하겠습니다

도적 : 히히히(폭소)

장강 : (악의에 한 소래로) 옆에 있는 청룡에게) 미친 자식들. 이 자식
들아. 도적눔 두령에 관이 무슨 기급할 관이냐?

백호 : (한걸음 앞으로 나온다) 주책이 이거 일이 좀 잘못됐네

주작 : (입에다 손을 대며) 쉬, 이놈아 조회중이다

백호 : 아니. 그 조회가 잘못됐단 말이야. 빠진거 하나 있어.

주작 : 무엇이 빠졌단 말이야?

백호 : 병마사. 관할사는 고사하고 허다못해 주부현에 목이 부임할
때두. 의례 뒤에 장선 들고 시녀들이 줄래 줄래 따른 법인데. 이
두령취임하시든 경사에 시녀들이 하나두 없어서 쓰겠나?

수피달 : (돌연이 이마를 치며) 과연. 자네 말이 옳으이. 이건 아주
이 수피달이의 한을 천추에 남길 실책이었네

엄 : 없으면 어떠냐? 그냥 계속해라

수피달 : 아닙니다. 어디까지 온지 이 의식은 엄숙히 해야 합니다. (다
시 이마를 치며) 나온다 나온다. 좋은 방도가 지금 막 구름같이 피어
올리려고 한다. 샘같이 솟을려고 한다.

장강 : (녚에다 대고) 경을 칠 자식. 산모 진통이 어떻냐?

수피달 : (주작에게) 솔이를 같다 세우세

부소 : 오마. 누굴 죽일려고?

(하고 나간다)

백호 : (그를 꼭 붙들며) 역시 자네 머린 다르긴 달러. 그런데 옷이
　있어야지.

현무 : 옷은 공물 속에 왕비 옷이 한벌 들었어. 임시로 빌려 입지 뭐

주작 : 만사가 척척 들어 맞을려면 다 이렇거든

주작, 현무, 공물궤짝을 끌러 왕비 복을 꺼내서 부소에게 준다

주작 : 빨리 입구 뒤에 가 서라

청룡 : 이런 때 않입어보고 언제 입어볼래?

부소 : 그럼 내 흥녁게 입고 나올께 (하고 옷을 들고 뒤로 들어간다)

도적들 [제-가 봉 잡았네] [하루밤 시녀들아] [솔이 호사하네] 등등
떠든다

주작: 쉬-. 여러분 조용하시오

　-(간)-

이윽고 부소 왕비복으로 갈아입고 나온다
도적들 주목한다
[이건 바로 양귀비구나네][후미인인데][천하 걸색이로다 등등 칭송한다

수피달 : 두령께 아뢰오. 시녀로 세워놓긴 너무두 아까웁고 옷도 왕비
　옷이니 아주 두령부인 처럼 옆에 앉히겠읍니다

백호 걸상을 하나 옆에다 같다놓니 부소 다시 앉는다

주작 : 그럼 지금부터 관을 바치겠읍니다

수피달 청검으로 만든 벙거지같은 관을 두 손으로 밭쳐들고 나온다

백호 : 잠깐만, 좀 잘못된 게 있네
주작 : 저 자식은 눈깔에 티만 뵈나?
백호 : (공물상자에서 왕관을 꺼내들고) 이왕이면 영천왕이라고 이걸
　　　바치게. 그거 어디 초라해서 쓰겠나?
현무 : 잘 생각 했다. 네 대가리가 수피달보다 훨씬 낫구나

수피달 왕관을 받어 먼저 것은 백호에게 주고 두 손으로 신중이 쳐들고
나아가 바친다.

엄 : 고맙다. 그렇나 너 이들이 나에게 관을 줄려면 아까 너희들이
　　만든 그 관을 다오
수피달 : 그건 좀 초라해서.....
엄 : 초라해두 나에겐 그게 쓰고 싶다. 너희들이 나를 줄려고 서투른
　　솜씨로 정성껏 만든 그관을 내 머리에 씌워다오. 지금 자네가 나에게
　　줄려는 황금 면류관은 내가 서울에 있었으면 머지않어 쓰게 됐을
　　것이다. 상감마마께 세자가 없으시어 승하라시면. 내가 왕통을 잇도
　　록 내정이 돼있었다. 난 네가 아까 축문에 말한바와 같이 구중의
　　빛난 궁궐과. 부귀영화를 차버리고 너희들을 찾아온 몸이다. 그 화
　　려한 관을 쓰고자 했으면. 내가 웨 여길 들왔겠니?

수피달, 백호, 주작과 쑤군쑤군하더니 다시 아까 물렸던 벙거지 같은 관을 나아가 바친다

엄 받아서 투구를 벗어놓고 쓴다. (감개무량한 표정으로) 이것으로 난 너희들의 소위 두령이 되었다. 오늘부터 나는 너희들과 같이 슬퍼하고. 같이 기뻐하며 동고동락하리라. (점점 격양된 소래로) 나에겐 형제의 사랑도. 친구의 우의도 없는 것이다. 오-즉 반항과 복수가 있을 다름이다. 잔디밭불이 산화가 되고 양이 호랑이가 되듯 전신의피는 거꾸로 흐르고 머리털은 밧밧이 일어서 분노가 되고 저주가 되길 나는 원하고 있다.

도적들 : ....(조용해 진다)

엄 : 내 염통엔 독을 뽑는 살무사를 집어넣고 내 이 숨통엔 불가사리를 넣으련다. 천륜이나 도덕이나, 정의니 진리니, 신뢰니, 사랑이니 하는 건 내 앞에선 벌-서 없어진지 오래다. 그리고 눈물을 흘릴 줄 아는 자비도 동정도 참회도 양심도 다 까마귀 먹여 버리고. 고양일 먹여버렸다. 천향궁의 맛아들 종삼품 운휘장군 엄이는 이것으로 영원이 스러져 버린다. 남은 것은 도적두령이다. 너희들은 오늘부터 나를 랑림이라고 불러라. 랑림이란 글짜는 너희들 산적소굴인 산에서 땄다.

나에겐 애비도 없고 에미도 없고 처자도 집도 없다. 오-즉 피와 죽음이 있을 뿐이다. 내가 너희들의 두령인 이상 너희들 중에 그중 모질게 불을 지르는 사람을 칭찬하고 그 중 독하게 사람을 죽이는 눔에게 상을 주고 그중 무섭게 약탈하는 사람에게 행복을 축원해주마. 그대신 너희들도 나에게 생명을 바치고 충성을 맹세해다고. 자 나에게

목숨을 받쳐 충성을 지키겠다는 사람은 이리들 와 내손을 잡어라 도적들 [충성을 지키겠외] [두령께 목숨을 바치겠외] 등등 흥분해서 떠들며 몰려와 그의 손을 잡는다

엄 : 고맙다

수피달 : 자, 식은 그만 걷어치고 축배로 들어갑시다

도적들 : 그게 좋소

도적들 술동이를 들어다 놓고 둘러앉어 먹는다. 만수무강을 서로 비는 축배가 왔다
갔다한 후, 둘레를 짓고 들러서서 노래를 불으며 춤을 춘다.
(도적들의 노래)
도둑이란 무언가
훔치는게 장수지
도둑이란 무언가
죽이는게 락이지

쌈하는건 약과고
불놓는게 좋드라
맛나는게 내게집
자고나면 갈어라

포졸라졸 눈깔은
우리들을 노린다
붓잽히는 날에는

목아지는 두동강

너나내가 뭐있냐
배운것이 도적질
오늘하루 잘벌어
오늘하루 잘먹자

막걸리로 해장코
돼지다리 술안주
왼 몸은 용을쓰고
기운은 무럭무럭
불어라 뿔 호각
달려라 내 용마야
앞 뒤산 쩡쩡 울고
산천초목 벌벌떤다

이때 부소 돌연 산악을 내려다보고 규환한다

부소 : 큰일 났어요. 저거보세요. 말 탄 기마대들이 이리로 몰려오고
 있어요.

일행 노래와 춤을 끝이고 일제히 부소의 가르키는 곳을 내려보고
놀랜다
멀-리 정적을 깨틀고 몰려오는 요란한 진패소래와 뿔호각소래. 북소
래. 징소래

엄 : 어느 기마댈까?

수피달 : 서경(현 평양)병마사의 군댄가 봅니다

부소 : 모두 만명두 넘겠는데?

주작 : 대승 최주후가 상감마마께 랑림산 일대의 도적소굴을 소탕하
  시도록 아뢨다드니 그럼 그 병대들인가 봅니다

엄 : 소리만 내지 않으면 우리들이 여기 있는 줄 모르고 그대로 지나갈
  것이다. 자, 잔친 걷어치고 빨리 산색으로 돌아들 가자

일당 돌아갈 차비를 한다

장강 : (독기를 띠우고) 물건들은 어떻 하시렵니까?

엄 : 장강인 하루종일 찌푸리고만 있으니 어디 뭐 불평이 있어서 그러
  냐?

장강 : 내가 웨 불평이 있겠오? 물건들을 어떻게 나누시려는가 말입니
  다

엄 : 일단 전부 산색으로 가지고 가자 . 그래서 반은 공평하게 우리가
  논구 반은 없는 사람들 한테 나눠주기로 하자

장강 : 나눠주다니요?

엄 : 홍수에 집을 잃은 사람들. 흉년들어 기아에 울고 있는 농민들,
  겨울을 앞두고 거리에 방황하는 부랑자 걸인패들, 의지할 곳 없는
  노인 과부 고아들 또는 큰 뜻과 좋은 천품을 갖고도 넉넉지 못해
  과거시험을 못보는 유위한 젊은이들에게 나눠주잔 말이다

수피달 : (감탄하며) 거참 좋은 생각이십니다. 그게 태조 왕건의 나라
  를 만드시던 시대에 바로 그 판국이란 의적들 하든 짓입니다. (혼자

말로) 의적 부두령 수피달. 거참 좋습니다. 도적 부두령 보담 듣기
두 그게 훨씬 낳군요

장강 : 이놈아. 좋긴 뭐가 좋은 생각이야? 대체 그럼 우리들은 뭣 때문
에 도적질을 한단 말이에요? 죽 쒀서 개먹이 할 바에야 포졸들 눈
피해 도적질 할 놈이 누가 있오? (옆에 동료에게) 다들 그렇지 않은
가?

도적들 : (한사람도 동의치 않는다)

엄 : 그 많은 물건을 갔다가 뭣에다 쓸 작정이냐? 우리들에게 처자가
있냐 부모가 있냐? 그렇다고 동기가 있냐? 고루당 같은 기와집이
있으니 금은식기가 필요하며 예의범절을 가려야하겠으니 호사한
옷을 입어야 하겠단 말이냐? 세상만사가 우리 뜰이요. 천하 만물이
우리물건이 아니냐?

장강 : 허지만 세상 사람이 어디 다 두령같은 맘이랍니까. 하나 가지
면 둘 갖고 싶고 둘 갖으면 셋 갖고 싶고. 피땀 흘려 농사질 땐 이밥
먹자는게 아닙니까?

산악에선 계속하야 요란한 진패소래. 호각소래 북소래 징소래 등

도적들 : 두령 빨리 돌아갑시다. 점점 기마군대가 이쪽으로 몰려오고
있소.

엄 : (장강에게) 얘긴 소굴에 가서 하기로 하고 우선 빨리 돌아가기로
하자

도적들 제각기 공물과 노획한 물건들을 메고 일어설 때 수피달 종각

뒤에 감춰뒀든 고리짝을 메고 나온다.

엄 : 그게 뭐냐?

수피달 : 아무 것도 아닙니다. 그냥 저......허접쓰래기를 주워넣은 겁
    니다

엄 : (추상같이) 뭐냐 그게?

수피달 : .....저....그...바로 그것입니다

엄 : 뭐야? 빨리 뚜껑 열어봐라. 명령에 거역않할 작정이냐?

수피달 허는 수없이 뚜껑을 여니 여여승 튀여 나온다.

일동 아연하야 황망히 바라본다.

이틈을 타서 여승 쏜살같이 종각 뒤에 올라가 필사적으로 종을 난타
한다.

부소 [이년]하고 쫓아가 여승을 나꿔친다.

여승 밑으로 굴러 떨어진다.

급을 고하는 종소리를 들었나보다. 산악에선 요란한 진패소리와 뿔호
각소리. 징. 북을 두 다리는 소래 욋윗 소래를 치고 몰려오는 기마차의
환성 한층 높아진다.

백호 : 두령 큰일 났읍니다. 군대가 산을 둘러 쌓기 시작합니다

청룡 : 뒤로 빠져 도망들 가지

주작 : 그쪽에도 벌서 삥 둘러 쌓은걸

현무 : 이거 슬그머니 듯에 걸치고 말있네 그려

장강 : (꼴 좋다는 듯이 픽 냉소한다)

엄 : 그렇게 서둘지들 말고 차근차근 빠져 나갈 궁리를 하자

장강 : 사방이 꽉 막혔는데 어딜 빠져 나간단 말이요? 두령노릇은 아무
나 하는 줄 알았오? (하고 처참하게 웃는다)

부소 : 모두가 수피달이 때문이야. 그리게 처음부터 소굴에 와서 하라
고 그렇게 일렀지!

이때 어디서인지 화살 한개가 날러온다. 청룡 달려가 집어오니 화살
끝에 종이 한 장이 끼여있다. 일동 그를 에워싼다.

엄 : 빨리 펴봐라. 어데서 쏜건가?

청룡 : (이모저모 돌리기만 하고 있다)

주작 : 이리 내라. 이놈아 모르면 모른다고 선득 그러지 않고 (읽어내
려가드니) 서경병마사의 친필입니다

엄: 뭐라고 했냐?

주작 : 이번 서북 랑림산맥 일대에 걸쳐 대대적으로 산적 야도들을
일제히 소탕하란 분부가 있으셨는데 이번만은 관대하신 성은으로
두령만 체포하라 하셨으니, 너희들이 두령을 체포해 받치면 느릐들
은 용서해준다고 하였읍니다

엄 : 어디? (하고 뺏는듯이 받어서 읽어 내려간다)

기마군사의 선봉이 점점중턱 가까이까지 올라왔나보다. 산울에서 들
리는 진패, 뽈호각 소리, 징소리 북소리, 욋욋하는 환성들은 더한충
크게 가까이 들린다.

수피달 : 뭐라고 했나? 자세히 얘기 좀 하게

백호 : 잘 못 알아듣겠는데?

주작 : 이번엔 괴수만 잡을려는 것이니까 우리들이 우리 손으로 두령을 체포해서 병마사에게 바치면, 우리들만은 무사하게 용서해준단 말이야?

청룡 : 그렇치 않으면?

주작 : 그렇지 않고 가치 끝까지 반항하면 체포하는데로 사형에 처한다고 했어

수피달 : 원 실없어 아들놈들, 별개똥새 같은 소리도 다하고 있데

엄 : (얼굴이 어두워진다)

부소 : 수피달이 그 구름같이 피어나고 샘같이 솟아난다는 지혜는 이런 때 않쓰고 언제 쓰려는 거야. 빨리 좋은 궁릴해 봐

수피달 : (이마를 치며) 그렇지 않아도 지금 머리 속에서 피어나는 중이다.(어조을 다시 하야) 두령 뭐 그렇게 생각하고 있읍니까. 어디 그 글 좀 봅시다. (하고 채는듯이 잡어 뺐드니 발기발기 찢어버린다) 생각하고 있으면 뭘 합니까. 모두가 내 잘못이시지만 기왕 엎지른 물인걸 어떻허시겠오? 죽거나 살거나 해봅시다

백호 : 옳소. 해봅시다. 한번 죽지 두번 죽겠오?

주작 : 두령 수피달이 말대로 죽이되 건 밥이 되건 해봅시다. 이래도 죽고 저래도 죽을 바에야 싸워보고 죽지 그냥 죽는단 말이오?

청룡 : 별안간 구리물을 갈아 먹은 것처럼 기운이 부쩍부쩍 나는데..... 내 기운이 얼마나 쎈가. 이번에 한번 시험해 봐야겠어.

현무 : 난 거짓말이 아니라 산삼을 한 뿌리 먹은 것처럼 용을 쓰고

있네. 어서 명령을 내리십쇼.

새끼도적들 : 어서 내리십쇼

장강 : 그런 기운들은 뒀다가 써라. 보다 싶이 우리 독안에든 쥐가
　　아니냐? 그야 싸워보는 것도 좋겠지만 불과 스무명두 못되는 수효로
　　몇 천명 군사한테 어떻게 덤빈단 말이냐?

수피달 : 이 개똥벌레 같은 비겁한 놈의 자식. 네놈은 가만히 있거라.
　　몇 천명이 아니라 몇 만명은 왜 못해본단 말이냐? (하고 바짝 멱살을
　　쥐며) 너 같은 약질부터 처치하고 그다음에 저놈들하고 싸워야겠다

엄 : 수피달이. 그 손 놔라. 놔. 못놓겠냐?

수피달 : (하는 수 없이 놔준다)

엄 : (일동에게 비통한 소래로 한마디 한마디 똑똑히) 우리는 지금 장
　　강이 말과 같이 어떻게 싱겁게 그만 독안에든 쥐가 되고 말았다.
　　그야 너희들 말대로 죽거나 살거나 싸워보고 끝장을 보는 것도 좋긴
　　하지만, 번연이 승산이 없는 것을 알면서 덤비는 것은 앞에 그물이
　　있는 것을 보고 모여드는 것과 같이 어리석은 노릇이다. 그것도 일컬
　　어 용기라면 그건 만용이지 정말 용기는 못된다. 용맹한자는 떳떳이
　　싸우되 떳떳이 패하라고 했다. 현자는 나갈 때와 물러갈 때를 잘
　　헤아리라고 했고. 지금 적의 수효는 아무리 적게 봐두 만 명은 넘을
　　것이다. 장강이 말대로 우리가 아무리 천하영웅인들 스무명 남짓한
　　수효로 적을 뚫고 어떻게 빠져 나갈 수 있겠냐?

수피달 : 그렇다고 이대로 주저 안아서, 두 손 내밀고 잡아가라고 해야
　　하겠단 말씀이오?

엄 : 나만 잡혀가겠다

도적들 : 그건 어떻게 하시는 말씀이오?

엄 : 이번엔 괴수만 잡으려는 것이니, 나만 잡어 받치면 너희들 생명은 구해주고 죄도 용서해준다고 했다. 그러니 우리가 다 가치 의의도 없는 개 죽음을 할 필요가 뭐란 말이냐? 한사람이 희생이 되더라도 나머지 열 몇명은 살아야하겠다. 더욱이 이 자리엔 우리와는 아무 관계도 없는 솔이까지 끼어있다. 그 애가 술가지고 간 채 세상을 떠낫다면 지 아버지가 얼마나 통곡하며, 또 우리들을 얼마나 원망하겠냐?

부소 : (돌아서서 눈물을 닦는다)

요란한 뿔호각 소리. 요란한 진패소리. 북소리. 기마대의 돌격해오는 굉우, 점점 더 커진다

엄 : (허리에 찾든 밧줄을 풀러 부하들 앞에 내주며) 자, 기마대가 올라 오기 전에 서슴치 말고 누구든지 나를 묶으라. 어서, 나를 너희들의 두령 엄이라 보지 말고 한 허잘 것없는 도적으로 봐라. 그러면 묶기 가 쉬울께다. 어느 때든지, 어느 곳에든지 반듯이 희생이라는 것은 있는 법이다. 이것은 이 지상에선 그중 깨끗하고 아름답고 높은 것이 다. 이 우둔한 두령 랑림이가 너희들의 희생이 되어 너희들을 구할 수 있고, 솔이를 무사히 집에 돌아가게 할 수 있다면 나는 그것으로 써 만족하겠다. 자. 적의 화살과 창이 날아오기 전에 어서 누구든지 나를 묶어라

-(간)-

무거운 침묵.

이윽고 장강 결심한 듯 엄의 앞으로 나간다.

도적들의 시선 일제히 그에게로 집중된다.

장강 : 두령 미안하오 (하고 밧줄을 들어 묶으려고 한다.)

수피달: (장강의 앞으로 나가며) 나하고 같이 묶자. 그리고 이익도 같이

나눠 먹기로 하자

수피달, 장강이가 들고 있는 밧줄의 한쪽을 받어 엄을 묶은 척 하다가

단도로 그의 옆구리를 자루가 다 들어가도록 찌른다. 장강 소래도 못

지르고 그대로 두서너바퀴 돌더니 쓰러져 절명한다.

도적들 침을 삼킨다

수피달 : (일동에게) 다들 이 배반자의 처참한 죽음을 보았겠지? 우리

는 바로 이 자리에서 두령의 손을 잡고 충성을 맹세했다. 그 입술에

침이 채 마르기도 전에 배반을 해야 옳단 말이냐? 두령은 우리들을

구하고저 자기 한 몸을 희생하려고 하셨다. 그 높고 깨끗한 두령을

적에게 팔아, 목숨과 공명을 사려는 놈은 누구냐? 있거든 이리 나오

너라.

도적들 : (흥분하여) 그런 놈은 한 놈두 없다

수피달 : (팔을 높이 들며) 고려건국의 영웅. 왕건의 피가 너희들 심줄

에 한방울이라도 흐르고 있거든 저 두령을 위하야 끝까지 싸워보자

도적들 : 최후의 한놈까지 싸우자

부소 : 나도 함께 싸우겠어요

엄 : (이윽고 입을 열고) 너희들 뜻이 그렇게 장하다면 나도 끝까지
　　 싸우겠다. 자, 앞산이 쩡쩡울고, 산천초목이 덜덜 울리도록 힘차게
　　 나를 따르라.

도적들 엄을 선두로 [와-ㄱ]소리를 치며 눈보라치듯 돌격해 내려간다

막

제4막

2년후

왕치겸의 댁, 천향궁.
　　오늘은 왕치겸의 2주기(소상날입니다. 서울). 장안에서는 사월팔일
불탄제의 관등놀이가 한창입니다.(입니다. 여기천향궁은) 댁네에는
반비하야 음산한 공기가 무겁게 흐른다
대청에는 고인의 영혼을 모신 상청.
나모나와 유모 담씨 상청 앞에 앉아 불공을 드리고 있다.
그 옆에 독경을 하고 있는 노승 한 사람
면-호외에서 불탄제를 지내는 유양한 풍악소래
가까운 승원에서 시녀들의 탑돌이 하는 노래소래
한사람이 먹이면 딴 사람들이 받아서 따라부른다.
노래소래에 대조되어 댁내는 더한층 고적이 숨은 듯 하다.

연경가는 사신들아
당경실을 선사해주오
진사중에도 오색당사
곱고긴걸로 선사해주오

그물맺세 그물맺세
매듸매듸 사랑을 넣어
사월팔일 구층탑밑에
몰래 몰래 치놓으세

걸리소서 걸리소서
정든 임만 걸리소서
고려 서울 으뜸 가는
우리 임만 걸리소서

도세 도세 탑을 도세
따리 처럼 탑을 도세
동리에 첫닭 울고
공산 만월 질때까지

나모나 : (불공을 마치고 나오며) 지금 들리는 노래소래가 무슨 소래요?
담씨 : 목련이하고 금이 은이가 탑돌이 하나봅니다
나모나 : 탑돌이?
담씨 : 네
나모나 : 참 그렇고 보니 오늘이 사월파일이군.

늙은중 : 사월팔일. 불탄제날. 대감께서 돌아가신 것도 역시 그 어른께
　　　서 복이 많으신 탓이오. 또 부처님의 자비를 받으신 탓입니다

담씨 : (소래 나는 쪽을 향하야) 아이 계집애들도 주책도 없지. 대감마
　　　님 제사날 탑돌이가 뭐람.

나모나 : 내가 좀 나가들 놀라고 했오. 아버님께서 돌아가신 후 일년동
　　　안이나 너무도 조심성하게만 지내지 않았우? 그래 오늘은 제사날
　　　하지만 또 일년에 한번밖에 없는 명절이라 오래간만에 좀 맘턱 놓고
　　　놀고 오라고 했오

이때 즙과 최주후 들어온다
나모나 : 지금들 들어오세요?
즙 : 응. 상감마말 모시고..**사에 갔다왔다

즙. 주후 올라가 위패 앞에 절하고 환향한다

나모나 : ......
즙 : 오늘도 상감마마께선 , 웨 나모날 아니 데리고 왔느냐고 자꾸 물으
　　　시는데 대답할 길이 있어야지. 제사 때문에 못온다고 아뢰더니, 부처
　　　탄생하신 날 형님께서 돌아가신 건 부처님으로 현신하신 것이니
　　　너무 오래 상에 복치말라고 하셨다
나모나 : ......
주후 : 아기씨, 늘 이집에 올적마다 생각하는거지만, 집에 안주인 없으
　　　니 쓸쓸하고 허전하오. 오면서도 작은 오라버닌 누가 열두 시녀와

서른이 넘는 씨종을 부려주겠냐고 몹시 걱정하셨오.

나모나 : ......

주후 : 오늘도 상감마마께선 약혼을 해뒀다 내년 삼년상을 치루고 나
　　　선 결혼을 하도록 저더러 주선하라고 분부 하셨오. 두 분의 혼례에
　　　관한 건 이 천향궁 댁만 아니라 국사에도 여간 긴급한 일이 아니오.
　　　난 먼저 들어가 화상하고 이야기나 하고 있을테니. 두 분이 얘기하셔
　　　서 오늘은 결말을 내시오 (하고 안으로 들어간다)

즙 : 나모나야 , 너는 아직도 형님을 못잊고 있지만, 한번 죽은 사람이
　　다시 살아오겠냐? 집에 주인이 없으니 집안 꼴이 뭐가 되겠냐?

나모나 : ...... 허지만 저로선 도저이 작은 오라버님의 뜻을 따를 순
　　　없어요. 제 가슴속에서 큰오라버님의 그림잘 꺼내버리라고 하시는
　　　건, 차라리 저더러 죽으라고 하시는거나 마찬가지에요.

허지만 형은 칼에다 유언까지.....

나모나 : 전 그 유언이 도저히 믿어지지가 않아요. 그리고 아무리 생각
　　　해도 그저 어디가 살아계신 것만 같아요. 그래서 다시 절 찾아 돌아
　　　오실 것만 같고.........

즙 : 허지만, 아버님께서 돌아가실 때도.....나하고 혼례를 갖춰서 이
　　집을 지켜나가라고 하시지 않았니? 그 유지를 이행해 드리는게, 불
　　공을 드리는 것보다 자식으로서 효도가 아니겠니?

나모나 : ....

즙 : 아까도 얘기했지만, 궁중에 입궐할 적마다, 상감마마께서는 하루
　　바삐 성례를 하라고 재촉하신다. 세자가 안계시니, 승하하시면 아무
　　래도 내가 왕통을 잇게 되지 않겠냐? 그렇게 되면 너는 이 나라의

국모가 될 몸이다.

나모나 : ....

즙 : 나모나야, 난 네가 아버님을 따라 인질로 오든 그날부터 사실은 사랑해 왔었다. 허지만 넌 나보다 형을 좋아했고, 또 아버님께서도 넌 형의 배필을 삼으려고 하셨기 때문에 난 한마디도 못하고 있었든 거다

나모나 : 오라버님, 고려 서울 넓은 꿈에 꼭 나라야만 될 이유가 뭐에요? 이 이상 저를 괴롭히기 말고 딴 사람을 택해 보세요 네

즙 : (약간 성난 소래로) 그럼 넌?

나모나 : 큰 오라버니의 성혼을 축원이나 하면서 일생 혼자서 보내겠어요.

즙 : (억압했든 분노가 터진듯) 그럼 정 넌 형을 못 잊겠단 말이냐?

나모나 : 네

즙 : 정 끝까지 내 사랑을 받을 수 없단 말이냐?

나모나 : 네

즙 : 대관절 넌 뭘 가지고 그렇게 도도하게 구는 거냐?

나모나 : (빤이 쳐다본다)

즙 : 일생 축원이나 하고 혼자서 살겠다고? 뭘 먹고 혼자서 살겠단 말이냐? 네 자신을 좀 돌아봐라. 예전엔 네가 여진왕의 공주였지만 지금은 궁전이 있냐? 부모가 있냐? 동기가 있냐? 그렇다고 일가친척이 있냐?

나모나 : (유정방니)

즙 : 네가 그렇게 호사한 옷에, 화려한 관을 쓰고, 아기씨소릴 듣는

게 누구 때문인데?, 예전엔 아버지 때문이고 형 때문이였을 지 몰라
도 지금은 나 때문이야. 우리집에서 떠나는 날이면 기아가 기다리고
있을 다름이다

나모나 : 오라버니 이게 그렇게도 장한 것입니까? (관을 벗어 그의 앞
　　에 놓며) 이걸 쓰고있고자 하야 큰 오라버님을 저버릴순 없어요.
　　오라버님 말씀대로 천향궁을 떠나는 날이면 전 갈 곳이 없어요. 허지
　　만 그렇다고 어찌 여자가 한번 바쳤든 맘을 달리 먹겠어요. (하고
　　목걸이 팔걸이를 빼놓는다)

즙 : (그의 앞에 엎어지며) 나모나야, 내가 잘못했다 (하며 느끼는 듯
　　운다)

나모나 : (인기척이 남으로) 일어나세요. 누가 오나 봐요.

(일어나 안으로 들어간다.) 이때, 금적, 은적, 목련, 파금 외 천향궁
시녀들 후원에서 나온다. 즙 홍녀게 나모나 다시 관을 쓴다

나모나 : 탑돌이들을 했다지?

시녀들 : 네

나모나 : 너희들 탑돌이 노랠 듣고 있으려니까 돌아가신 큰 오라버님
　　생각이 나서 혼났다

그래도 너희들은 소원이 있으니 좋겠다. 난 뭘 바라고 뭘 이루게 해
달라고 한단 말이냐? 사람에겐 꿈이 있을 때가 제일이야. 나같이 되고
나면......

금적 : 아이, 아기씨께서 그런 말씀을 하시면.....

은적 : 그럼 저이들이 괜히 노래를 불렀습니다

이때 늙은 할아범 한사람, 방을 써서 붙인 말을 들고 나온다.

나모나 : 할아범 그게 뭐유?

하라범 : 도적 잡으라는 방이랍니다. 집집마다 제각기 써서 문 앞에다
　　세우라고 나라에서 고지가 왔었엽죠. 그래 작은 도령님께 방을 쓰라
　　고 해서 지금 세우려고……

시녀들 : 도적이요?

하라법 : 네, 랑림이라고 아주 무서운 도둑놈이 랍니다. 잡는 사람에겐
　　백미 오백석에다 기와집 한 채. 그리고 주단 삼백필을 하사하신다는
　　군요.

나모나 : 그래 그놈이 서울에 들어왔대요?

할아범 : 네, 부하를 거느리고 들어온 흔적이 있다는 군요. 금부에선
　　포졸들을 풀어, 령하고 합력해서 사방으로 수색하고 있다는 군입쇼.
　　(시녀들에게)시비들도 여간 경계하지 않으면 안되우. (하고 옹기만
　　한 머리를 흔들흔들하며 밖으로 나간다)

나모나 : 랑림이라니 들은 이름같다

금적 : 산이름이래요. 도둑들 소굴이 그 산에 있기 때문에 괴수이름이
　　랑림이라는군요.

나모나 : 랑림산이라면, 바로 큰도령님께서 횡사하신 산 아니냐?

금적 : 네

은적 : 아기씨 , 그놈이 바로 큰 도령님 죽인 놈이 아닐가요?

나모나 : 글쎄

목련 : 부하가 수백이라는군요

파금 : 모두 날고 기는 녀석들 뿐이래요. 말들을 타고 기마군같이 댕긴
다는군요

금적 : 그런데 아기씨, 이상한 게 그 도둑은 꼭 인색한 부자집 아니면
악독한 벼슬아치 집에만 들어간다고 합니다

은적 : 빼서 가지고 또 가난한 사람들한테 모두들 논아준다나 봐요

목련 : 절에도 들어간다나봐요

나모나 : 절에도?

목련 : 네 백성들한테 도조만이 받아먹고 강제로 공양미 내라고 하고,
또 중들이 군대조직해가지고 세력피고, 나라 일에 말참견하는 그런
절엔 치부해둔 듯이 꼭 꼭 들어간다고 합니다

이때 대문밖에 떠들썩한 소란

하라범의 글쎄 않??. 않된대두,
소리성 잠깐만 소향하고 갈 테니 들어가게 해 주시구료
할아범의 소리 않돼요, 글쎄, 되면 된다고 하지......

이윽고 수피달과 엄, 행인으로 변장을 하고 들어온다. 할아범 앞을
막으며 뒷거름으로.

할아범 댁에선 눈 됐다 뭘 하시우? 행길마다 써붙인 것 봤겠지만, 요샌
서울에 도둑이 들어왔단 소문이 있어서, 여느 사람을 절대로 들이지
마시라구, 대감나리께서 아주 신신 엄령하셨오

수피달 : 허, 영감도, 지금 우리더러 도둑이란 말씀이오? 무슨 말을
그렇게 섭섭히 하시오?

나모나 : (할아범에게) 누굴 찾으시는데?

하라범 : 대감어른 영전에 불공을 좀 드리게 해달라고 자꾸 그런 답니
다

나모나 : 어디서들 오셨는데?

하라범 : 동게서 왔다나요?

나모나 : 동게서?

하라범 : 네 예전 대감마님께서 여진북벌하실 때 모시고 따라갔든 장
졸이라는 군입쇼.

나모나 : 이리 들어오시래라

수피달 앞으로 나온다
엄은 고개를 푹 숙이고 뒤에 서있다

나모나 : 우정 그 일 때문에 올라오셨어요?

엄 : 네 재작년 봄에 세상 떠나셨단 말씀은 듣고 곳 장례식에 참석코자
했자오나 여의치 못해 못

나모나 : 들어가 헌향하세요

엄 : 감사합니다(하고 전내로 들어간다)

나모나 : (수피달에게) 댁에선?

수피달 : 전 대감어른하군 관계가 없습니다. 그냥 같이 가자고 해서
따라 들었지요.
문깐에 나가 기다리고 있겠읍니다 (하고 다시 나간다)

할아범 머리를 흔들흔들하며 다시나간다

엄 위패 앞에 정좌하야 묵념 합장한다. 이윽고 설움을 억제치 못하고 엎드려 소리를 죽이고 운다.

유모 담씨 안에서 나온다

담씨 : 대감마님 예전 부하가 왔다지요?

나모나 : 응 (하고 엄을 가르친다)

담씨 : (엄을 발견하고 한걸음 뒤로 물러선다)

나모나 : 어떻게 유모 아는 사람이야?

담씨 : 아 아니에요

나모나 : 그런데 왜 그렇게 놀라?

담씨 : 놀라긴 누가 놀랍니까?

나모나 : 유모 그런데 저이가 왜 저렇게 울까?

담씨 : (살짝 눈물을 닦으며) 글쎄 전들 알 수가 있겠어요?

나모나 : 무척 서러운가 보지

담씨 : 네 대감마님께서 퍽 귀여하셨다니까

나모나 : 어떻게 설게 우는지 나도 자꾸 눈물이 나서혼났어

담씨 : ....

나모나 : 세상엔 같은 사람도 많지?

담씨 : 같다니요?

나모나 : 꼭 돌아가신 큰오라버님 같지 않어?

담씨 : (억지로 평정을 지으며) 그 그럴리가 있겠어요? 저 보기엔 아주 딴판인데요.

엄, 이러나 눈물을 닦고 나온다.
담씨와 시선이 마주치자 황급히 시선을 돌린다

나모나 : 다 하셨어요?
엄 : 네. 자나 깨나 무거운 빚을 진 것처럼 가슴이 묵직했었는데 인젠
　　아주 거뜬해 졌읍니다. 그럼 안녕히 계십쇼. (하고 나가려 한다)

담씨 고개를 돌리고 운다.
이때 즙이 안에서 나온다.

즙 : 누가 아버님 부하래?
나모나: 이 분이에요

즙, 엄과 시선이 맞주치자 얼굴 빛이 싹 변한다.
공포가 전신을 싹, 몸둘 곳을 모르고, 망설이더니 도망하듯 안으로
들어간다
나모나 : 바쁘세요?
엄 : 문 깐에 동행이 있으니까 가봐야 겠습니다
나모나 : 그렇게 바쁘시지 않거든 아버님 모시고 전쟁 나갔을 때 이야
　　기나 좀 들려주고 가세요
엄 : 전 북벌 세 번, 압록강연안에 두 번, 도합 다섯번 따라 갔었아온데
　　참 무서운 양반이셨습니다.
어디어디 성을 점령하라 한번 명령하시면 꼭 점령해야 하고 아무개

아무개의 장군의 목을 베어오너라 하시면 어떻게 해서라도 베가야지, 그란하면 저이들 목을 쟁반에 올려가야만 풀어지시는 성미였습니다. 표기대장군 나타나셨다하면 적진은 싸우기 전에 기세가 반은 꺾였고, 울든 애도 끝쳤던 것입니다. 일생을 거지반 전야에서 보내셨지만 아기씨도 아시다 싶이, 한번이나 지고 돌아오신 적이 있으셨습니다?

나모나 : 없으셨어요

엄 : 그렇게 무서운 장군이셨지만 저이들 부하들은 여간 참 끔찍이 아끼고 사랑해주셨지요

나모나 : 저희들한테도 그러셨어요 그중에도 큰아드님을 그중 사랑하셨어요

엄 : (가슴이 뭉클해진다) 공물을 가지고 달아나셨더라지요?

나모나 : 네, 하지만 주무시다가도 [그럴리가 없대]내아들이 그럴리가 없다 내가 랑림산에 가서 직접 만나보고 오리래하군 벌떡 이러나시군 하셨이요

엄 : 그렇게 사랑하셨어요?

나모나 : 네

엄 : (눈물을 닦으며) 그런데 어떻하시다 돌아가셨나요? 돌아가셨단 소문만 들었지 통........

나모나 : 큰 아드님께서 돌아가시고 나서부턴 늘 갑갑하다 하시드니 언날 소풍겸 사냥을 나가셨어요. 그랬는데 절벽을 끼구도는 산길에서 마차바퀴가 부서저서 한쪽이 기우러지자 그대로 마차채 낭떠러지로 굴러 떨어지셨답니다

엄 : 혼자 가셨든가요?

나모나 : 작은 아드님과 최주후라는 대승어른과 동행하셨어요. 그런데 천행이 그이들을 살고 아버님만

엄 : (날카롭게) 그런데 웨 대감어른 마차만 딴 분들 마찬 무사 됐을까요?

나모나 : 앞에 가든 마차가 떨어지니까 뒤에 딿른 두 분은 급히 정거를 했다는군요

엄 : 그런데 웨 해필 마차바퀴가 절벽 앞에서 부서졌을가요?

나모나 : ......(의아한듯 그를 다시 한번 본다)

엄 : 아이 제가 괸한걸 물었습니다

(하고 고개를 다시 푹 숙인다)

나모나 : 아까 우셨지요?

엄 : (급히 눈물을 닦으며) 예전에 너무도 저를 사랑해 주셨기 때문에...저도 모르게 그냥 눈물이...

나모나 : ...(눈물을 닦는다)

엄 : 그런데 아기씨, 아기씨께 한가지 여쭤볼 말씀이 있습니다

나모나 : 뭔데요?

엄 : 대감어른께서 제 고향인 동게(동계, 현강원도) 안변에 진을 치셨을 때 절더러 이십안 자식이라고 작구 장갈 가라고 하셔서 우선 약혼을 하고 출정을 했었습니다. 그런데 삼년안에 고향엘 돌아가니까, 어떻게 소문이 돌았는지 제가 죽었다고 해서 모두들 가장을 지내 버렸더군요

나모나 : 그래서요

엄 : 그래서 전 살았다고 하기두 뭘 해서 그냥 집엔 들리지않고 도라와
　　버렸는데 아즉것 그 색시가 혼인을 않고 있다는데 어째서 그럴까요.

나모나 : 아이 딱두 하셔라. 어째서요가 뭐애요? 댁에서 돌아오실 날
　　만 기다리고 계시는거겠지요

엄 : 정녕코 그럴까요?

나모나 : 그럼요. 하루바삐 돌아가세요.

엄 : 아기씨 그런데, 제가 만일 그 후에 도적놈이 됐다면 어떻게 될까
　　요?

나모나 : 도적이요?

엄 : 아니, 그저 가령 그렇게 됐다면 말입니다

나모나 : ....그 색신, 슬퍼하겠지요. 당신이 도적된 걸 슬퍼하고 원
　　망스럽게 생각하겠지요. 허지만 사랑에야 변함이 있겠어요?

엄 : 정령코 변함이 없을까요?

나모나 : (외치듯이) 오라버님!

엄 : (소스라치듯이) 네?

나모나 : 그만 속이세요. 그만 속이세요. (하고 마루에 엎어져 운다)

엄 : ....

나모나 : 나를 어디까지 떠볼려고 하시는 거에요? 제 맘을 어디까지
　　짚어 볼려고 하시는 거에요?

엄 : (유부방니)

나모나 : 오라버님, 전 아까 유모와 오라버님이 마주칠 때, 그 얼굴로,

속으로, 오라버님이라는 것을 벌서 알았어요. ...... 어쩌면 그렇게두 냉담하십니까? 제가 부르지 않았으면 오라버님은 그대로 돌아가셔서 다신 이집에 안오셨겠지요? 만일, 아버님이 떠나시지만 않았든들, 오라버님은 일생 이 나모나 앞에 않나타나셨겠지요?

엄 : 내 정체를 모르는게 오히려 너에겐 행복할지 모른다

나모나 : 오라버님의 정체를 모르는게 어째서 저에게 행복이 될 수 있단 말씀이에요? 뭘 하시는지 어디 사시는지, 깜깜하게 모르고, 주야로 궁금하게 지내는게 어째서 행복할거란 말이요?

엄 : 내가 사는 곳과 , 내가 하는 일을 네가 알면 네 꿈은 모두가 깨여질테니 말이다. 알고 깨지는 꿈보다 모르고 꾸는 꿈이 사람에겐 행복을 주는 것이 아니겠냐?

나모나 : 오라버님, 그건 억설이에요. 저에게 모-든 것을 감추시려는 회피밖에 아무것도 아니에요

엄 : 나모나야. 정 내 정체가 알고 싶으냐?

나모나 : 알고 싶어요

엄 : 정 내가 사는 곳과 내가 하는 일이 알고 싶으냐?

나모나 : 네

엄 : 나는 지금 행길에서 방을 걸고 찾고 있는 도적 랑림이다

나모나 : (경악하며) 네?

엄 : 백미 오백석과 기와집 한책와 주단 삼백필의 상금이 목에 붙어있는 도적 랑림이다

나모나 : 오라버니 (하고 운다)

엄 : 나모나야 내가 도적이 된 동기는 두가지 이유가 있다. 하나는

내 아우 집에게 대한 양보요 , 하나는 이 세상에 대한 반항이었다. 내가 공물을 잃어버리고 얼마나 가슴을 졸이고 애를 태운 줄 아냐? 나는 그야 말로 바늘방석에 안은 듯하였다. 노인에게 구함을 받아 다친 다리를 끌고 들어가니 산도적놈들이 날더러 두령이 되라는구나. 나는 생전처음 내 자랑과 자존을 꺾이고 모욕을 당하야, 어떻게 분한지 몰랐다. 그러나, 내 운수불길해 당한일이라 그것도 달게 받았다. 바위를 더듬고, 줄을 헤치고 밥을 못 먹고, 잠을 못자며, 겨우 공물을 감춰둔 곳을 발견하고, 뛰는 가슴으로 돌아왔을 때 나를 기다리고 있는 것이 무엇이었냐? 너두 그건 잘 알 것이다. 도적, 모반, 대역, 반역의 인간의 그중 크나큰 누명과 오욕이 내 이름 위에 붙어 있었다. 그리고 그것도 다 못해, 나는 벌써 죽은 자가 되여 장례식이 거행돼있고, 칙사는 내 대신 서울을 떠날 차비하고 있었다. 나는 여기에 눈앞이 캄캄해졌다. 세상이란 이렇게도 더럽고, 추한 곳인가? 생각하였다.

자기의 복리를 위해 남을 수렁에 넣고 자기의 권세와 부귀를 위해 남에게 죄를 씌우는 이 조정과 장안이 엿보였다. 그때 내 머리 속엔 날더러 괴수가 되라는 그 도적패들이 도적질은 해먹을망정, 얼마나 소복하고, 거짓 없고 단순하게 보이는지 몰랐다. 여기서는 나를 말살코자 하는데 그들은 나를 신령님같이 떠받쳐주겠다고 했다. 그래서 난 네가 놀라고 실망할 그 무서운 도적이 됐든 것이다.

그래서 나는 이 모든 허위와 위선과 권세와 공명에 반항하였다. 그래서 그들 공명과 권세의 노비들을 이 지상에서 영원히 없애고자 했든 것이다. 그러나 살인 없는 파괴 장도 등, 이런 무서운 죄악을

웃으며 범하면서도 밤이면 내 가슴을 아프게 하는 건 네가 준 이 패물
이었다 (하고 패물을 내준다)

나모나 : 그럼?(하고 받아본다)

엄 : 이걸 지니곤 가슴에 칼끝을 대고 있는 듯 운신을 할 수가 없기에,
아버님 소향과 겸하야 이걸 너에게 전하러 왔던 것이다.

이때 담씨 안에서 즙 나오는 것을 알린다

나모나 : (패물을 집어 안 가슴에 넣으며) 작은 오라버니가 나오시나
봐요. 이 뒤를 걸으시는 척하시지요

나모나, 엄과 후원으로 나간다.
엇 끼여 즙과 주후 나온다

즙 : (담씨에게) 지금 그 손 어데로 갔냐?

담씨 : 아기씨가, 대감마님이 그리신 병풍그림 구경시켜 주신다고 지
금 막 일로 데리고 들어 가셨어요.

즙과 주후 가르치는 쪽을 바라본다.
담씨 피하는 듯이 나간다

최주후 : 틀림없이 형님이오? 상말에 도적이 제 방구에 놀란다고 엇보
고 그러시는 건 아니오?

즙 : (공포에 질린 얼굴로) 엇보고가 뭐요? 내가 형님얼굴을 잊어 버리
겠오? 변장을 한데다 얼굴을 푹 숙이고 있어서 똑똑히는 못봤지만
틀림없는 형님이었오

주후 : 대군더러 뭐라고 그럽디까?

즙 : 말을 안걸었소. 허지만 첨 나하고 둘이 눈이 마주칠 때 나를 노려 보는데 두 눈에서 번개가 나는 듯 했오. 난 그냥 정술이 차거워지고 전신이 떨려서 그냥 도망하듯이 들어 갔든거요

주후: 대군이 맘이 약해서, 지레 겁을 잡숫고 짐작으로 놀라신 건 아니요?

즙 : 대승도, 지레짐작이 뭐요? 자나 깨나 눈앞에 눈을 부릅뜨고 나타나는 형님 얼굴 그대로였오

최주후 : 그래 저쪽에선 눈칠 챈 모양입디까

즙 : 물론 챘겠지요

주후 : 아기씬?

즙 : 나모난 전여 모르고 있는가 봅디다. 목소리, 키, 그 눈썹, 어깨 틀림없는 형님이오. 대승 어떻겠으면 좋겠오?

주후 : 어떠하다니요? 그렇게 떨거만 아니라, 정신수습하고 차근차근 방돌 강구합시다

즙 : 형님은 날 죽이러온게 분명하오 대승 어떻게 했으면 좋겠오

주후: 어떠하긴 뭘 어떠한단 말이오. 상감마마 어명대로 체포해버리지 뭐

즙 : 체포요?

주후 : 그렀오. 대군은 여기서 형을 붙들고 시간을 끌고 계시오. 그럼 내가 나가서 육위에 얘기해서 삼십 팔령, 삼만 팔천명 군살 다풀어서 이집을 에워 쌀테

즙 : 육위에가 일른다니 나갈 수가 있어야 이를게 아니오? 형이 부하들

을 거느리고 왔나보오. 웬 수상한 녀석들이 먼- 둘레로 집을 쌓구 있소.

주후 : (낭패하며) 그럼 벌-서 이집을?

즙 : 미심하거든 잠간 나가보고 오시오

주후 대문 쪽으로 나가드니 창황이 다시 달려온다.

주후 : 큰일 났오. 인젠 꼭 죽나보오

즙 : 도망갈 수도 없고, 어떻게 하면 좋단 말이오?

주후 : (냉혹한 표정이 되며) 이렇게 된 바에야 죄짓긴 마찬가지요. 아주 (하고 귀에다 대고 뭐라고 속삭인다)

즙 : (펄쩍뛰며, 한걸음 뒤로 물러선다)
못하오. 그건 못하오. 내가 내손으로 어떻게 형을 죽인단 말이오? 못하오. 못하오.

주후 : 대군 이 마당에 그게 무슨 어린애 같은 소리요 ?

즙 : 못하겠오. 난 못하겠오. 난 형을 도적으로 몰고, 또 산채로 매장을 한 놈이오. 한번죽인 그 형을 또 어떻게 내 손으로 두번씩 죽인단 말이오? (하고 식은 땀을 씻는다)

주후 : 이번, 형님을 처치해버리면, 우리는 앞으로 죽을 때까지 다리 뻗고 편이 살 수 있고, 그렇지 못하면, 또 대군같이 매일 밤 무서운 악몽에 허덕 일꺼요.

즙 : 그래도 차라리 난 그 악몽을 달게 받겠오

주후 : 대군, 형님은 살인, 강도, 방화범, 랑림이지, 운휘장군 엄은 아니오. 죽인대도 도적을 죽이는 게지, 형을 죽이는 건 아니요 그렇게

되면 도적을 죽였다고 백성들의 신망은 더 높아질 것이요, 상감마마의 은총은 더한층 두터워지실 것이오.

즙 : 난 이제 그 공명과 부귀가 무서워졌오. 당신은 그것 때문에 우리 아버질 죽이고, 이제 와서 산송장된 형을 내손으로 또 죽이란 말이오?

주후 : 대군, 저 도적 랑림이가 대군을 그냥 둬둘 것 같소? 대군과 내목은 풍전등화요, 뿐만 아니라, 대군이 죽으면 나모난 형이 데리고 가서 여자도적을 만들게요. 이년동안이나 기다리다 이제 와서 나모날 그대로 송두리째 뺏기고 있을 테요? (인기척이 나므로) 형님이 이리로 오오. 숨었다가 한칼에 해버리시오. 난 뒤에 있다 대군이 실패하면 가세할 터이니........ (하고 숨는다)

즙 불안과 공포와 질투에 자기 자신의 가질 바를 모르더니, 이윽고 결심을 하고 칼을 빼들고 나무 뒤에 숨는다

이윽고 나모나와 엄 이야기하면서 들어온다.

나무 앞에 엄이 이를 때 즙 떨리는 손으로 혼신의 용기를 다하야 칼을 들고 내리친다.
엄 찬기를 정술에 느끼고, 싹 몸을 피한다. 즙 앞으로 고꾸라진다.
동시에 최주후 칼을 들어 내리 칠려고 하는데 아까부터 슬그머니 나와 그의 뒤에 대기하고 있든 수피달 그의 뒤에서 칼든 손목을 내리쥐어 비틀고, 칼을 뺏은 후 묶어버린다.
앞으로 고꾸라졌든 즙은 다시일어나 내리 칠려고 할 때

엄 : (집이 쩡쩡 울리도록 대갈한다) 집아!

즙 : (정면으로 형을 대하니 부들부들 떨리어 든 칼을 못 내린다)

엄 : 네 놈이 그 칼로 나를 칠 테냐? 이 엄이를 칠 테냐?

즙 : (식은 땀이 쫙 쫙 흐른다)

엄 : 빨리 처라, 빨리 처, 어서 내리쳐라

즙 : ....

엄 : 나를 산송장을 만들고, 이제 와서 다 못해서 그 칼로 나를 치려느냐? 애비를 죽이고 형을 죽이고...... 네 칼이 얼마나 모진가 어디 한번 맞어 보자!

즙 칼을 땅에다 툭 떨어트리고 [형님]하며 엄의 앞에 엎어진다

간

즙 : (단좌하며) 형님, 그 칼로 이놈을 베어주오. 이 집이 놈을 베어주오

엄 : 내가? 웨 이놈아, 너를 벤단 말이냐? 너를 위해 내 한 몸을 이 지상에서 없어지게 한 내가, 왜 너를 죽인단 말이냐?

즙 : 형님! (하고 부르며 단도로 목을 찌르고 앞으로 쓰러진다)

나모나 달려가 [작은 오라버님][작은 오라버님][정신 차리세요] 하고 운다. 담씨도 붙들고 통곡한다.

즙 : (끊어져가는 소리로) 형님,.......이놈을......용서해주오. 끝으로

내......말 한마디만.......믿 믿어주오, 아, 아버님을......주, 죽인 놈
은........내가...아니라...저, 저...최주후요

주후 : 오, 저놈이 죽으면 곱게 죽지, 남을 수렁에다 끌어넣고 죽을려
는구나. 내가 언제 너희 아버지를 죽였단 말이냐?

즙 : (최후의 힘을 다하여 땅에 떨어진 칼을 기어가며 집어 들고 힘을
모두어 일어나려다 다하여 도로 쓰러지며) 이 이놈, 최주후야 너를
너를 내 손으로 못죽이고 혼자 가는 것만이 원, 원, 원, 통하다 (하고
숨이 끊어진다)

나모나의 비명을 들고 달려왔든 시녀들 붙들고 운다.

엄 : (낙루을 삼키며 비통하게) 잘 죽었다. 허나 네가 못 죽인 저놈은
가장 처참하게 네 속 시원하게 내가 죽여주마 (수피달에게) 저 놈을
앞세우고 랑림산으로 가자.

수피달, 최주후를 떠다민다.

엄과 수피달 나가는데   막

제5막

낭림봉의 도적산채.

수일 후

엄, 최주후를 앞세우고 들어온다

뒤따라 궤짝, 날날이, 북, 진패, 징 등 소리나는 것을 하나씩 든 도적들,

한구석에 신기한 듯 한 표정의 부소

엄 : (최주후에게) 우리아버님과 사냥 갔던 산도 이렇게 험하고 깊은
  산이었냐?

주후 : 깊은 산이긴 했지만, 이렇게 깊진.......

엄 : 대강 그 산의 모양 좀 얘기해 봐라

주후 : (떨리는 소리로) 그 그 산도 여기처럼....사람이 들어간 적 없는
  태고림이였오. 저렇게 절 절벽이 있고, 기암괴석이 솟아있는 산길이
  였오

엄 : (절벽을 가르치며) 그 절벽도 이만큼 깎아지고 높더냐?

주후 : (넘겨보더니, 현기증을 일으킨다. 겨우 정신을 차리고) 그 절벽
  도 상당이 높은 절벽이었지만, 이 이 이렇게 높진 못했오

도적들 : (돌연 들었든 것을 두들기며 환성을 친다)

엄 : 바로 마차바퀴가 부서진 곳이 어떻게 생긴 곳이였냐?

주후 : 그 산길도 바, 바로 여기 같은 곳이였오

도적들 : (또 기성 환성을 치고 북을 두들긴다)

엄 : (서리같이) 왜 해필 이런 절벽에서 마차바퀴가 부서졌단 말이냐?

주후 : ....

엄 : 바른대로 대지 않으면?

주후 : (무서운 안광에 주눅이 들리며) 사실은......그 전날 바퀴살을........짤르고, 이어 놨었오

엄 : 우리 아버님이 떨어지실 때 어떻게 떨어지시던?

주후 : ....

엄 : 어떻게 떨어지셔?

주후 : 바퀴가 기울자, 마차 째......

엄 : 말로해선, 난 잘 모르겠으니, 내 눈앞에서 실제로 한번 해서 보여다오. 우리 아버지가 떨어지시던 광경을 그대로

주후 : 그럼 나더러 날더러.... 저, 저 절벽으로....떠...떨어져보란.... 말씀이오?

엄 : 빨리 해봐라. 난 우리 아버님이 얼마나 처참하게 돌아가셨나 그게 좀 보구 싶다

주후 : 허지만....(식은 땀을 뻘뻘 흘린다)

도적 중에서 삼막에 나왔든 주지 목탁을 들고 나온다

주지: 이놈 최주후야. 난 네놈 명령 거슬렸다간 보덕사로 폐사해야겠기에 네 말대로 공물을 훔쳤다가 벼락만 맞었었다. 그러나 덕분에 고리타분한 염불 집어치고, 이렇게 도적이 됐다. 그러니 그 은혜로 네 영혼은 내가 빌어 줄테니 두령님 명령에 빨리 복종해라

주후 : .....(사시나무 떨듯 떨뿐)

주지 : (염불을 하며 목탁을 두드린다)

주후 : (돌연 애원하듯) 장군, 나를 살려주시오. 그래서 나도 저 주지처

럼 장군의 부하가 되게 해주오

엄 : 도적은 아무나 되는 줄 아느냐? 이 산색엔 너같은 놈은 한 놈도

　없다. 빨리 뛰어라

도적들 : 빨리 뛔라.

주후 최후의 결심을 하고, 눈을 감고 떨어진다. 밑에 심연이 있나보다.

한참 후 풍덩하는 소리.

일동 환성을 치며 몰려와 아래를 내려 본다

부소 : 죽었어요?

엄 : 죽구 여부고 없지 뭐

이때 청룡 달려온다

청룡 : 다-들 기뻐하게, 봉 물고 왔네

도적들 : 봉?

청룡 : 응, 봉두 큰 봉일세. 서울 가서 벼슬 하나 얻어 살려고, 뇌물을

　싫고 시골굴서 상경하는 만석꾼이가 지금 막 히주고개를 지나가는

　걸 보고 왔어

도적들 : 정말이야?

청룡 : 거짓말이면 손톱에다 장을 지져라. 이 두 눈으로 똑똑히 보고

　왔어

도적들 : 두령 갑시다

엄 : 오늘은 그만두자

도적들 : 그만두다니요?

청룡 : 아 애써 잡은 그 큰 봉을 그냥 내버려둬요?

엄 : 오늘은 밤도 늦고 했으니, 그만 쉬도록 하자

수피달: 도둑놈에게 밤낮이 있겠오?

엄 : 오늘은 내가 좀 고달프다. 최주후 놈을 처치해 버리고 나니, 캥겼

   던 활줄이 탁 풀린 듯, 전신이 좀 죽으러진다

도적들 : 허지만 그 좋걸 놓쳐서야.....?

엄 : 내일 그담 장소로 습격하면 되지 않냐?

청룡 : (일행에게) 그럼 우리들끼리 갈까?

수피달 : 그럴수야 있나? 두령 말씀대로 그럼 오늘은 쉬고 내일 하기로

   하지

도적 : 거 참 아까운 걸

주작 : 그럼 들어들 갑시다

엄 : 먼저들 들어가라. 난 좀 앉었다 들어갈테니

도적들 떠들며 산채로 들어간다

   간

혼자 남은 엄은 부근의 바위에 걸터 앉어서 멀리 허공의 일각을 멀건
이 바라다 보고 있다. 이윽고 주머니에서 피리를 꺼내서 분다. 애류절
절한 곡조가 정적에 쌓인 산곡에 흘러간다 내려가다 말고 한쪽에 섰든
부소소래를 걷는다

부소 : 무슨 가슴 아픈 일이 있으신 게군요?

엄 : (깜짝 놀라 피리를 끝이며) 왜 안내려갔어?

부소 : 네

엄 : 그럼 뒤에서 피리소리 들었겠군?

부소 : 네, 난 대군님이 그렇게 숨은 재주를 가지고 계신 줄은 꿈에도 몰랐어요

엄 : 난, 솔이한테 여러번 얘기했지만 대군이 아니라, 두령이야, 그러 니 두령이라고 불러

부소 : 난 왜 그런지 대군님을 두령이라고 부르기가 싫여요

엄 : 허지만 난 두령이라고 불러주는게 좋아

부소 : 뭘요?

엄 : (자기의 심중을 드려다 보인 듯 당황하며) 뭘 요라니?

부소 : 다 알아요. 대군님께서 도둑놈 두령노릇이 싫어지신 것 난 잘 알어요. 말론 그러시지만, 속으론 그 대군이 그리우시지요?

엄 : 원 동에도 EKE지 않는 소릴?

부소 : 서울이 그리우시고 앞뒤에 딸린 궁녀들에게 대군님 대군님 하 고 불리우던 예전 그 시절이 생각나서 그러시지요? 그리고 그 패물 을 드린 공주님이 보고 싶으시고. 난 대군님이 피리를 부시면서, 서울에 게신 그 공주님을 생각하시고 계시는 걸 잘 알아요.

엄 : 그건 솔이 지레짐작이야

부소 : 서울, 서울 (동경에 찬 눈으로) 삼천궁녀들이 머리에 화관을 쓰고, 금으로 만든 수레를 타고 다닌다지요?

엄 : 응

부소 : 댁에 시녀들도 그래요?

엄 : 응. 우리 집은 천향궁이라고 하고, 왕족이라 시녀들도 궁녀대접을 받고 있단다

부소 : 그럼 집도 고루당같이 크겠군요?

엄 : 규모가 좀 작을 다름이지 담, 정원, 집채, 모두 궁전하고 똑 같단다

부소 : 그럼 집에 누구누구 계세요?

엄 : 어머니, 아버진 다 돌아가시고, 동생도 죽고, 누이동생 혼자만이 내가 돌아올 날만 눈이 까-마케 기다리고 있단다

부소 : 그 누이동생도 대군님이 도적 되신 거 알고 있어요?

엄 : 요건 아버님 제사 때 갔다가 그만 탄로가 나고 말었다

부소 : 아이 저런 얼마나 놀라셨을가?

엄 : 내가 최주후를 끌고 이리 다시 돌아오던 날 성문 밖까지 따라오며 그만 도적당에서 발을 빼고, 하루 바삐 돌아오라고 했지만.........

부소 : 그럼 집때문에라도 돌아가셔야만 되겠군요?

엄 : 응

부소 : 허지만 대군님께서 떠나시면, 여기일은?

엄 : 여기야 나 없으면 어떻겠냐? 나 없더라도 넉넉히 해나갈께다. 그렇지 않고라도 난 그만 이 도적놈 생활에선 발을 빼야만 하겠다

부소 : 떠나시게 되면 언제 떠나시게 돼요?

엄 : 모두들 한테 얘기하고 내일이라두 할까 하고 있다

부소 : 대군님, 가실 때 저도 좀 데리고 가주실수 없어요?

엄 : 솔이를?

부소 : 네, 난 서울 한번 가봤으면 원이 없겠어요

엄 : 그렇게 가보고 싶어?

부소 : 네. 서울보다도 대군님 댁에 가보고 싶어요

엄 : 우리집에?

부소 : 네, 대군님께서 이대로 훅 떠나버리시면, 난 또 심심해서 어떻게 살아요? 도둑놈한테 술이나 팔고 산으로 사냥이나 댕기고, 말똥이나 치고서 살게 될게 아니에요?

엄 : 하지만

부소 : 대군님, 전 대군님 곁에서 살고 싶어요. 허지만 나같이 산짐승이나 쫓아다니며 아무러케나 자라난 계집애가 시녀노릇이야 할 수 있겠어요? 허지만 마당 쓸고 물 깃는거나, 부엌일 같은건 할 수 있을거에요. 전 뭐든지 시키시는데로, [네][네]하고 하겠어요

엄 : (조용이 그의 손을 끌어 잡으며) 솔이, 정말 그렇게 내 곁에 있고 싶어?

부소 : 네

엄 : 그럼 내 대리고 가줄테니, 아버지한테 가서 잘 말씀 여쭈고 승낙을 얻어

부소 : 아이 좋아라. 그럼 내 흥녁케 갔다 올께요 (하고 전신에 날개가 돗 치듯이 내려간다)

염노인 올라오다 딸과 부디친다·

엄 : 올라오셨어요?

부소 : 아버지, 난 서울 가요

염노인 : 서울?

부소 : 네, 천향궁이란 궁전에 가서 일하게 됐어요

염노인 : 허? 가관이고나. (비꼬는 듯이) 그렇지 않아도 그 댁에서 모두들 지금 널 모시러왔더라

부소 : 그 댁에서요?

엄 : 아니, 서울서 누가 왔어요?

염노인 : 그것 때문에 올라왔오. 두령을 찾어왔다고 합디다. 뭐 누이동
생 되신다든가요? 호위군졸 두 사람하고, 시비들 둘하고 도합 다섯
명의 일행입디다

엄 : 그래 지금 어딧써요?

염노인 : 우리집에 계시오. 안송림에서 길을 잃고 헤매는 걸 사냥나갔
다 만나서 우리집으로 모시고 왔오. 소굴까지 따라오겠다는 걸, 내
가 불러다 드릴테니 푹 좀 쉬라고 하고 왔오 (딸에게) 뭘 하고 섰는거
냐? 염하다 놓친 년같이, 왔어도 그 사람들이 너 부르러 온건 아니야.
서울이 이 무슨 기급 달범거짐할 서울이야. 빨리 내려가 밥 짓고,
노루 잡아온 것 창자나 훌터라.

부소 : (일부러 큰 소리로) 네, 네, 네, 마지막으로 싫건 악쓰시구료.
(엄에게) 그럼 먼저 내려가 시종들고 있을께, 빨리 내려오세요 (하고
뛰어 내려간다)

엄 : 그 사람들한테 나 여기 있다고 하셨어요?

염노인 : 그렇지않고?

엄 : 미안하지만 내려가셔서 없더라고 해주세요

염노인 : 없다고 하다니?

엄 : 난 그앨 만날수 없는 몸이에요

염노인 : 허지만 서울서 예가 몇 백리요? 사내도 아닌 여자의 몸으로
허우정정 왔는데 내용곡절이야 고사하고 아니 만난대서야 어디 도
리가 되오?

엄 : 내려가셔서 도적벌이 나가고 없더라고 해주십쇼

염노인 : 난 그럴 수 없으니 그럼 누구 딴사람을 보내서 얘기 하구료
  (하고 내려간다)
이때 삿간에 행낭을 하고 지팽이를 든 나모나와 금적, 은적, 목련 들어
온다. 뒤따라 무장한 호위군 두사람
목련 : (엄 앞으로 달려가며) 도령님!
엄 : (어찌할 바를 모른다)
수연 : 도령님, 아기씨를 모시고 왔습니다
나모나 : (앞으로 나오며) 오라버님...
엄 : 나모나 어떻게 왔어?
나모나 : 저애들을 데리고 말을 타고 왔어요 (산채 문을 둘러보며) 이
  게 오라버님 계신 산채입니까?
엄 : .....(고개만 끄덕인다)
나모나 : 최주훈 절벽에서 떨어트려 죽이셨다지요?
엄 : 응.
나모나 : 그럼 하실 일은 다 끝난 셈이군요. 인제 그만 저와 함께 서울
  로 돌아가시지요
엄 : 서울로?
나모나 : 네
수연 : 도령님, 저이들과 함께 서울로 돌아가시두록 하십쇼
금적 : 도령님, 생전 문 밖이라군 시조묘에 성묘하시는 것과 신궁에
  명절날 제사 지내러 가시는 것밖엔 못나가 보신 아기씨께서, 이 깊은
  산속까지 허우정정 오시지 않으셨습니까?
은적 : 도령님, 천향궁으로 돌아가시도록 하십쇼

엄 : ……

나모나 : 오라버님, 집으로 가십시다

엄 : 나모나야, 내가이제 새삼스럽게 서울엘 어떻게 돌아가겠냐? 저애
들을 더리고 그냥 돌아가도록 해라.

나모나 : 그럼 오라버님은 여기 그대로 남아계시겠단 말씀이지요?

엄 : 응. 가고 싶어도 인젠 갈 수없는 몸이 되고 말았다. 너두 알다싶이
난 살인, 강도, 방화, 략탈을 생업으로 삼고 있는 도적이 아니냐?

나모나 : 오라버님 거기서 발을 빼시면 되지 않아요?

엄 : 지금은 도저히 발을 뺄 수가 없게 됐다. 뺄려면 뺄려고 할수록
깊은 수렁에 휩쓸려 들어가고 있다. 그러니 그냥 이대로 너희들만 다시
돌아가도록 해라

나모나 : 그럼 오라버님은 앞으로도 사람을 죽이고 략탈을 하고, 불을
놓는 그 무서운 짓을 그대로 계속하시겠단 말씀이시지요?

엄 : ……(찔리는 듯이 몸을 떤다)

나모나 : 그중 모질게 불을 지르는 사람을 칭찬하고, 그중 독하게 사람
을 죽이는 자에게 상을 주고, 그중 무섭게 략탈을 해오는 자에게 행복
을 축원해 주며, 이 도적의 산색에서 호령을 하면서 사시겠단 말씀이지
요?

엄 : ……(무푸래로 두들겨 맞는 듯)

나모나 : 안악네와 어린애들의 사람 살리란 비명과 통곡소리를 피리
소리 같이 즐겁게 듣곤 하늘에 다을듯한 불꽃 속에 슬어지는 대하고
대를 통쾌한 노래 속에 바라보시겠단 말씀이지요? 피를 물 먹듯하
고, 염통엔 독을 뿜는 독사를 넣고, 숨통엔 불가사리를 넣고 사시겠

단 말씀이지요? 그렇다면 오라버님의 지니고 계신 건 대체 뭐에요? 그게 오라버님의 찾으시는 정의에요? 그게 자유에요? 내보기엔 겸오와 취악과 무서운 범죄외의 아무것도 아니에요

엄 : (두 손으로 머리를 움켜쥐고 번뇌한다)

나모나 : 오라버님 같으신 분이 만일 이 세상에 두 사람만 있다면, 그야 말로 신앙도 도덕도 진리도 천륜도 전부 뒤엎어지고 나라는 쑥밭이 되고 말꺼에요. (하고 격하야 엎어져 운다)

엄 : ....나모나야 난 과연 네 말대로 어리석은 놈이었다. 나는 이 세상을 폭력으로써 아름답게 하려고 했었다. 국권을 옹호하는 국법을 유린함으로써, 그걸로 정의를 삼었다. 나를 명령하는 자에게 반항함으로써 자유를 차지했다고 생각했고, 모든 도덕과 제도를 파괴함으로써 이 세상에 대한 복수를 하고 있다고 생각했다. 이 얼마나 어리석고 못난 생각이었냐? 나는 지나온 두해동안 이 도적생활에서 내 여러가지의 틀린 생각과 그릇된 믿음을 발견했다. 폭력이란 결코 이 세상을 굴복 시킬수 있으되 순종시킬 수는 없는 것이었다. 나는 이 산속에서 그예를 너무도 뚜렷이 실제로 보았다

일공심산에 만수습복한다는 호령이보다 나는 사슴의 순종과 안식과 평화가 그리워졌다. 수리와 매를 찬양하는 내 맘속엔 나도 모르게 비둘기와 꾀꼬리를 사랑할 수 있는 맘이 드러안게 되었다. 이건 내가 천향궁에 돌아가 아버님께 향을 올리고, 너를 대한 후 더한층 나를 괴롭히기 시작했었다

나모나 : ....

엄 : 정의란 옳고 바른 것을 지키고 쫓는 것이지 결코 짓밟는 건 아니

라는 것을 깨달았다. 나는 반항하고, 폭행하고, 유린하고 파괴해왔
을 다름이지 북돋고 가꾸고 새로 세울 줄을 몰랐었다. 새로운 세움과
이룩을 못할 유린과 파괴란 한품의 값도 없을 뿐 오히려 죄악 뿐이라
는것도 확실히 깨달았다. 나는 네 얼굴로 무서운 심연의 언저리에
지금 서있다. 참말로 나같은 놈이 둘만 있다면, 이 세상에 도덕과
평화란 송두리째 없어질 것이다

나모나 : 오라버님, 그러니 하루바삐 여기서 발을 빼시어, 서울로 가시
　　도록 하는게 오라버님을 위해서 두 그 중 좋은 방도일 것 같아요

엄 : 허지만 내가 이러고 서울을 가면.........

나모나: 모든 것을 자백하세요. 상감마마께서도 최주후와 작은오라버
　　님 때문이였다는걸 잘 아시고 계시오. 그러니 모든 것을 자백하시
　　면 다 물에 씻은 듯 용서해 주실 거예요.

엄 : 정말로 용서해 주실까?

나모나 : 네, 그건 제가 장담하겠어요. 떠날 때 국모마마 뵈옵고 왔었
어요. 아주머님께서도 꼭 오라버님을 모시고 오라고 하셨어요

목련 : 도령님, 빨리 들어가셔서 저 사람들한테 얘기하고 나오시지요

엄 한참 생각코 있더니, 이윽고 결심을 한 듯 산채 입구 쪽으로 간다.
수피달과 도적들 동혈에서 나온다

엄 : 너희들한테 좀 조용이 얘기할게 있다

수피달 : 무슨 얘길 하실려는지 대강 짐작하겠오

엄 : 그럼?

수피달 : 두 분이 하시는 얘길 모두들 들었오

엄 : ....

백호 : 앞으로 우린 어떻하란 말씀이요?

엄 : (가라앉은 소리로) 지금 내가 한 얘길 뒤에서 다-들 들었다니, 다시 번복하진 않다 다 - 만 난 이 이상 더 도적행위는 못하겠다.

주작 : 그럼 서울로 돌아가실 작정이오?

엄 : 응, 그러니 나 없데래도 수피달이를 두령으로 삼고, 잘들 해나가기 바란다. 난 너희들의 뜻을 받들어 두령이 되긴 했지만 이년 남짓한 동안 너희들을 이롭게 했다기보다 오히려 속박하고 자유스럽지 못하게 한 점이 많을게다. 물건 훔치되 반은 떼서 빈민들에게 노놔주자는 둥, 여인에겐 손을 대지말라는 둥, 략탈을 하되 옳지 못한 방도로 차부를 한자에게만 한하는 둥 여러 금기와 이런 것들이 다 너희들을 속박하고 흡족치 못하게 했든 것이 사실이다. 나는 이것을 한 신렴으로 생각하고 , 소위 정의의 투사로써 자인해왔다. 그러나 그것이 공평치 못하고 불의한 것을 깨트린 것은 될지언정, 세상과 고려 전체의 복지엔 아무 힘입한 것이 없다는 것을 깨달았다. 그럼으로 이 도적행위에 대한 내 신념도 흔들려졌고 내 자신의 갈피조차 못잡게 되었다. 내 하나의 앞길과 생각을 지탱치 못하는 자가 어찌 너희들의 생명을 맡고 인도할 두령이 될 수 있겠느냐?

청룡 : 그럼 여기서 헤여지잔 말씀이슈?

엄 : 그렇다

현무 : 임시로 헤여지잔 말씀이요? 그렇지 않고 영영 헤어지잔 말씀이요?

엄 : 영원이 헤어지잔 말이다

수피달 : (살기를 띠우고) 두령! 어디 지금 그 소리 다시한번 해보슈

엄 : ....

수피달 : (뱉는 듯이) 반역자, 이년전 바로 이 자리에서 우리들 손을 붙들고 울면서 하던 얘긴 가마귈 먹였단 말이오?

엄 : 반역자라니?

수피달 : 그렇지 뭐요? 금관을 되리니까, 그건 일 없다고 헌겊으로 만들걸 달라던 그 입술이 침두 아직 안말랐을께요. 이제 생각하니 그 금고나이 다시 그리워진게구료?

엄 : ....

백호 : 부귀가 그리워졋거던 바른대로 그렇다고 하슈. 생각이 뒤흔들려 지는건 뭐고 지금와서 중눔 염불같은 소린 뭐 말라빠진 소리요?

엄 : ....

수피달 : 요전 서울 갔다와서 부터 두령맘이 변한건 난 젤 먼저 알고 있었오. 아까 도적질 나가자는 것도 사실은 두령 맘을 떠볼려고, 나 혼자 몰래 꾸며냈든 책략이였었오

엄 : ....

현무 : 계집 하나에 눈이 뒤집혀 우리들 전부를 배반한다는건 무슨 두령답지 못한 용렬한 짓이오?

새끼도적들 : 두령은 우리더러 계집엔 손대지 말라고 자기 입으로 그러시지 않었나베? 모두 우릴 속이고만 왔었다

새끼도적들 : 두령은 두령대로 혼자서 실속은 다 차리고 있었구료

주작 : 그건 너희들이 두령을 오해하고 하는 소리들이다. 두령은 오늘

까지 …………

수피달: (살기등등하여) 넌 가만 있거라. 중뿔낳게 두둔이 뭐냐? (엄에
　　　게) 난 두령을 위해서 내 친한 친구 하나를 죽였오. 그야 장강이놈은
　　　야심가고, 의리부동한 놈이고 좋은 놈은 아니였오. 허지만 나로선
　　　말도둑 해가지고 첨 도둑놈이 되든 날부터 친해진 놈이였오.

청룡: 난 너보다 더 오래전부터 친했다

수피달: 난, 그놈이 두령을 배반한 것을 저주하고 두령눈앞에서 찔러
　　　죽였오, 그것도 칼자루 쥔 손이 다 들어가두록 이를 악물고 푹 찔렀
　　　든 것이오, 그런데 이제와서 두령이 우리를 배신반해야 옳단 말이
　　　요? 우린 두령한테 한번도 반항한 적이 없이 개처럼 네네하고 복종
　　　했었오. 두령을 위해선 죽임도 물불도 가리지 않고 목숨을 내던 졌었
　　　오. 우리는 이 살덩어리로 두령의 방패가 됐고, 담이 됐고, 우리들의
　　　몸둥이를 모아서 두령을 지켜왔었오. (하고 말끝이 울음에 섞인다)

주작: 수피달이 자네가 그런 소릴 않하면 두령이 그걸 모르시겠나?

청룡: 아시면야, 지금 와서 우리더러 헤여지잔 소리가 어떻게 나온단
　　　말이야?

백호: 우린 두령을 너무도 믿어왔기 때문에, 두령이 헌신짝 벗어 내버
　　　리듯 우릴 버리고 서울로 가겠다는 그 심속이 너무도 분하고 야속해
　　　서 그렇네

수피달: (돌연 웃통을 벗으며) 주책아, 너두 나처럼 이런 상철 가지고
　　　있겠지? 이년전 바로 이산에서 두령을 잡아바치면 우릴 용서해 준다
　　　고 했을 때 두령께 충성을 지키고져, 만여명 기마군댈 뚫고 나갈
　　　때 얻은 상처가 아니냐?

주작: 그야 나도 스물다섯군데나 받았다

도적들 일제히 웃통을 벗고, 드리댄다
[이것도 그때 받은 상처요]
[두령을 위해 받은 상금이였오]
[똑똑히 보시오]하고 통곡한다

엄 : (격하야 따라 울며) 너희들이 지금 몹시 흥분들 해있기 때문에,
   난 하고 싶은 말이 많으되 다 할 수가 없다. 허나 너희들이 그렇게
   윗통을 벗고 드리어야만 내가 알게 됐니?
주작 : 두령, 저것들이 성미가 욱해서 그런거요.
엄 : 난 너희들에게 한마디만 하겠다. 내가 너희들과 손을 끊고, 서울
로 돌아가겠다는 건, 이별은 될지언정, 결코 배반은 아니다
도적들 : 아니면 뭐요?
주작: 이놈들아 글쎄.......
엄: 배반이란 자기 한몸의 공리와 사욕을 위해 동모들을 파는 것을
일컬은 것이다. 나는 내 공리를 위해 너희들을 팔려고는 하지않는다.
내가 서울에 가더라도 내 맘은 늘 너희들의 행복과 평화를 따라다닐
것이다. 지난 이년동안 너희들이 나한테 바쳐온 충성과 우애는 누구보
다도 내가 잘 알고 있다
주작: 그야 물론 이시지요
(도적들에게)다들 두령께 사과해라 사과해. 두령은 결코 우리를 배반
하시진 않을 께다. 끝까지 우릴 사랑하고 여기서 일생을 보내시려고
하고 있다

백호 : 거짓말이다

도적들 : 새빨안 거짓말이다

주작 : 우리하고 두령 사일 끊어논 자가 있다. 우리하고 두령하고의 맹서를 중간에서 이간 부친 자가 있다. 책을 할려면 그 사람을 해야지 두령을 탓할 이윤 없다.

수피달 : (포호하듯이) 그자가 누구냐?

도적들 : (살기등등 하야) 누구요?

주작 : 저기 저 두령의 누이동생이다.

금적 : 이놈들아, 아무리 도적질을 해먹을 망정 위아래를 알아봐야지, 어디다 이런 쌍소릴 함부로 하고 있는 거야?

은적 : 에구 분해라, 저놈들을 당장 그냥........

수피달 : 그게 사실이라면, 우리는 이 도적당의 법CLR대로 처치해 버려야겠다

도적들 : 그렇다

저 계집앨 처치해라. 저 계집에만 처치하면 두령은 우리의 것이다

엄 : 진정들 해라. 내가 너희들을 버리자는 것이 잘못이라면, 이 엄이의 잘못이지, 내 누이의 과실은 아니다

주작 : 허지만 저 사람 때문에 두령의 맘이 변한 것이 아니오?

나모나 : (비로서 침묵을 깨트리고) 대체 당신들은 뇌요? 그야 오라버님과 당신들과는 두령이고 부하고 한패니까, 무슨 소릴 주고받든지 내 알바가 아니에요. 허지만 아무 관계도 없는 나한테 그런 막례한 소릴 하는데 난 그대로 듣고 있을 수 없어요

도적 : - (기세에 억압되어 조용해진다)

나모나 : 또 내가 설혹 당신들에게 죽을 죄를 지었다고 합시다. 당신들이 무슨 권리로 나를 처치한단 말이오?

(하고 돌연이 일동을 쏘아본다)

나모나 : 오라버님, 아까 가신다고 하셨으니 그대로 떠나십시다. 저 사람들이야 자기들 멋대로 짓꺼리게 내버러두고······

엄 : 나모나야, 난 역시 이 산색에 머물러 있어야만 하겠다

나모나 : 그럼 안떠나시겠단 말씀이지요?

엄 : 나는 저들을 버리고 나 혼자 살려고 했던 내가 어리석었다. 죄를 범해도 같이 범하고, 여기서 빠져나가더라도 함께 빠져나가도록 해야겠다

나모나: 그럼 난 어떻하란 말씀이에요?

엄:··········

나모나: 큰 오라버님, 둘 중에 하날 택해주세요. 나를 택하시든지 저 사람들을 택하시든지

도적들: 그렇소. 둘 중에 어느 것을 택하겠오?

엄: 나는 그 어느 것도 택할 수 없고, 그 어느 것도 버릴 수 없다

나모나 : 오라버님 알겠읍니다. 이년동안 오라버님 험모하고, 그리고 있었던 제 자신이 어리석은 자였습니다

엄 : ············

나모나 : 오라버님 전 이 길로 아까 오라버님 말씀대로 깨끗이 돌아가겠어요.

엄 : ·····

나모나 : 허지만 도깨비가 놀 것같은 천향궁엘 돌아가면 뭘하겠어요?

이때까진 오라버님은 지하에서라도 절 사랑하고 계시겠지 하는 것이 한가지 즐거움이였고, 까닥하면 어디가 아직도 살아계실지도 모른다 하는 게 한가닥의 희망이였어요. 그렇나 이젠 그 가느단 기쁨도 히망도 슬어지고 말았어요

엄 : ....

나모나 : 오라버님 전 제 자신을 잘 압니다. 도저히 전 제 목숨을 지탱에 나갈 순 없을 것같어요. 그렇니 차라리 오빠의 손에 이세상과 하직하고 싶습니다. 그 칼로 이 나모날 죽여주세요 (하고 그의 앞에 무릎을 꿇른다)

엄: 나모나야

수피달 : (나모나 앞으로 가며) 당신이 끝까지 두령을 빼서갈 작전이라면 두령 대신 내가 죽여 주겠오

나모나 : (숙였든 고개를 소스라치듯 쳐들고, 쏫아 부친다) 난 당신의 손에 죽을 이유가 없어요. 사랑을 뺏긴 것두 원통한데, 왜 당신의 더러운 손에 내 곱게 기른 반생을 내버린단 말이에요

수피달 : (그의 기세에 억압된다)

나모나 : 오라버님, 나를 이 사람들 앞에서 웃음꺼릴 만드시지 마시고, 어서 그 칼로 버려주세요. 마지막 나모나의 소원이에요. 둘 중에 하날 택한다는 건 하날 버리는게 아니에요?

엄 : 나모나야. 정 그렇다면 이 몹쓸 오래비놈이 너를 죽여주마 (칼을 빼들고) 허지만 다시 한번 너한테 얘기한다. 너도 나도 그리고 이 동무들도 다 함께 살 도리가 없겠냐?

나모나 : 다함께 살 도리라니요?

엄 : 너도 죽지 않고 나와 동무들과도 헤여지지않고, 다같이 살아나갈
　길이 없겠냐 말이다

나모나 : 그럼 나더러 오라버님의 두목패에 들으란 말씀이세요?

엄 : (숙으러지며)내가 아무리 악독한 놈이기로서니 너한텐 참아 내입
　으로 그 대답을......... 다만 난 네가 네 한몸을 희생해서 다같이
　우리가 헤여지지 않고 살 수 있도록 선처해주길 바랄뿐이다

도적들 : (서로 얼굴을 마주보고 표정을 교환한다)

　간

나모나 : 오라버님, 알겠어요. 제가 도적이 됨으로서 다같이 행복할
　수 있다면 되지요

엄 : 고맙다 나모나야 (하고 그의 손을 붙들고 격한다)

나모나 : (일동에게) 그럼 여러분도 나를 당신들 한패에 넣주시겠어
　요?

수피달 : 소원이라면......

나모나 : 이 자리에서 맹서하지요 (하고 관을 벗어 팽개치고 목거리
　팔거리 패물들을 뚝뚝 뜯어버린다)

도적들 중의 누구의 입에선지 [공주 도적이다] 하고 절규하듯 소래를
지르니 [좋다] [우리패다] [동고동락이다] 하고 환성을 치며

금적 : 아기씨, 아기씨께서 망령이 들리셨어요?

은적 : 진골의 귀하신 몸으로 도적이 되시다니...... 지하에서 대감마

님께서 이 소릴 들으신다면.....

목련 : 도령님, 전 도령님이 원망스럽습니다 (하고 우니 금적,은적 따라운다)

나모나 : 오라버님, 그 대신 이 나모나에게도 한가지 소원이 있습니다

엄 : 뭐냐?

수피달 : 뭡니까? 아기씨 소원이라면 삼신산 불로초라도 패다 디리겠오

나모나 : 이 산색에서 떠나십시다

도적들 : (일제히) 떠나다니?

나모나 : 서울로 가십시다

엄 : 서울로?

나모나 : 네, 잇해전 아버님께서 돌아가시고 난 후론 조정은 딱 두 패로 갈라지고 말었습니다 아버님을 물리치고 일약 국권을 잡게 된 최주후는 삼감마마께 가진 침소를 다하야 총애를 받고자하고, 정광송여는 송여대로 자기 세력을 궁중에다 뿌리 박을려고 자기의 일가당속들을 작구 궐내에 드리고 있읍니다. 서로 상감마마께 중상을 하고, 권세잡기에만 눈이 뒤집히어, 정사는 전연 내던져두고 파벌당쟁으로 날을 보내고 있음으로 백성은 갈피를 못잡고 방황코 있습니다

엄 : 그 얘긴 나두 벌-서 부터 듣고 있었다

나모나 : 북쪽에선 원나라가 호시탐탐 우리나라를 노리고 있고, 남쪽에선 왜놈들의 해구(해구)가 상고(商賈)들을 위협코 있는데, 조정은 피비린내와 황음일낙으로 부패타락 돼 있으나 누구하나 나서서 바

로잡을 만한 사람이 없습니다

수피달 : 아기씨, 그 사람은 바로 여기 있오. 그 놈들을 두들겨부실
　　사람은 이 수피달이오. 두령 칼을 들어 명령하시오. 시분이 급하오.

엄 : 나모나야 가자 (칼을 높이 들며) 다들 지금 내동생의 이야길 들었
　　겠지. 오늘부터 우리 도적당은 나라를 바로세우는 순충보국의 의렬
　　당으로 현판을 갈아붙이자. 그래서 나라를 혼자 사랑하는 척하고
　　기실은 권세와 부귀를 차지하기에 골몰하며 탕쟁파벌로 애매한 백
　　성들의 귀취를 혼란케하는 그 역적 놈들을 조정에서 내몰아치자

도적들 : 배추만 묶듯 묶어 칩시다

도적들 : 새꾸러미처럼 줄래줄래 달아서 개천에다 틀어박어 버립시다
　　아주 괭이 죽은 송장같이 멀찍암치 갖다묻어버리지

수피달 : 충신 수피달, 열사 수피달 (하고 혼자 감탄한다)

도적 한사람 단아하게 진패를 분다. 도적들 출진준비를 한다. 부소는
아까부터 염노인과 올라와 이 광경을 보고 있다

엄 : (비로서 부소를 발견하고) 솔이, 우린 다같이 서울로 가기로 했
　　어. 솔이도 빨리 함께 떠나도록 해

부소 : 전 그냥 여기 있겠어요

엄 : 아니 아까 그렇게 서울 가겠다든 사람이 별안간.....?

부소 : 여러가지로 생각해 봤는데, 역시 전 이 산구석에서 사는게 좋을
　　것같어요. 노루 발자욱이나 찾고, 여우껍질이나 베끼고, 이따금 지
　　나는 행인한테 말이나 태워 고개 넘겨주고 사는게 좋겠어요.

엄 : 그럼 그대로 여기서 눌러서 살겠어?

부소 : 네

엄 : 그럴걸, 웨 아깐 데리고 가 달라고 했어?

부소 : 아깐 가고 싶었지만 지금은 여기서 살고 싶어졌어요.

엄 : 그럼 우린 바뻐 떠나니 잘 있어

부소 : 네

엄 : (염노인에게) 안녕히 계십쇼

염노인 : 부디 성사하시오

엄 : (일동에게) 그럼 곧장 서울로?

도적들 : 용감한 진군이다

산곡에 퍼져가는 요란한 진패소래, 각저, 바라소래.
도적패들 칼을 뽑아들고 우렁찬 노래를 불으며 비탈을 내려간다.
나모나의 일행도 뒤따른다.

(도적들이 부르는 자유의 노래)

자유의 소래

활은 집 속에 울고
피 는 염통에 뛴다
평원에 말을 먹이고
랑림에 칼을 갈어
달려라 내 룡마야
따러라 동무들아
원근 산천이 쩡쩡 울고
초목 금수가 벌벌 떤다

우린 왕관도 싫고
부모 처자도 싫다
피로 자유를 찾고
불로 정의를 구하리
불어라 뿔호각
두드려라 쇠북을
원근산천이 쩡쩡 울고
초목 금수가 벌벌 떤다.

썩은 뿌리는 뽑고
빗둔 골통은 바 셔
송이 송이 끝피여
구중높은 자유의 성
피어라 황톳 불
불어라 새노래를
원근산천이 쩡쩡 울고
초목 금수가 벌벌 떤다
노래소래 점점 멀어진다.
염노인과 부소 바위에 올라 그들을 전송한다.
이윽고 부소 참았든 울음이 복받처 부의 가슴에 얼굴을 묻고 운다.
염노인, 그의 등을 조용이 어루만진다.
점점 멀-리 사라지는 도적들의 노래

막

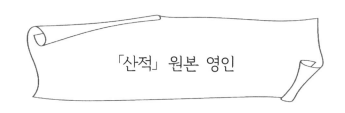

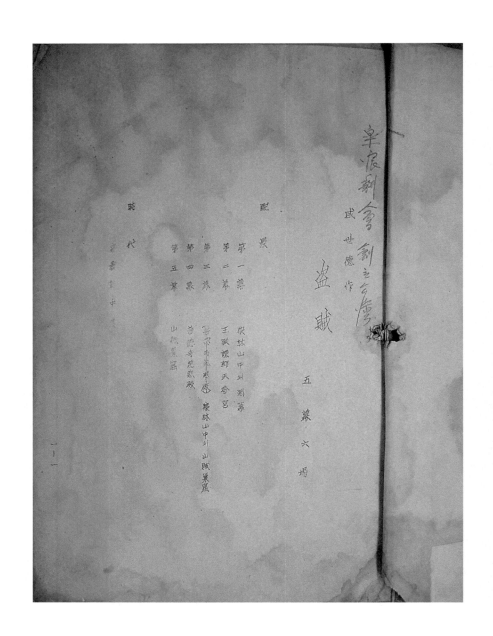

人物

王致遠　正一品、大臣、王의 從弟

娘　長男、次男、驃騎将軍

狼　林　盗賊首領、娘의 次男

輯　也男、鐵青光祿大夫

奈毛炎　女＝商長의 딸、孩榮의 長女

水　蓮　娘의 侍女

崔周厚　大尹

媯氏　娘의 乳母

巴　恳　輯의 侍女

金　笛
銀　笛　奈毛炎의 侍女

獸皮連　無類華、荷어遊賊

靑炭能　仝

白崔　仝

外崔　仝

玄武　仝

一—二

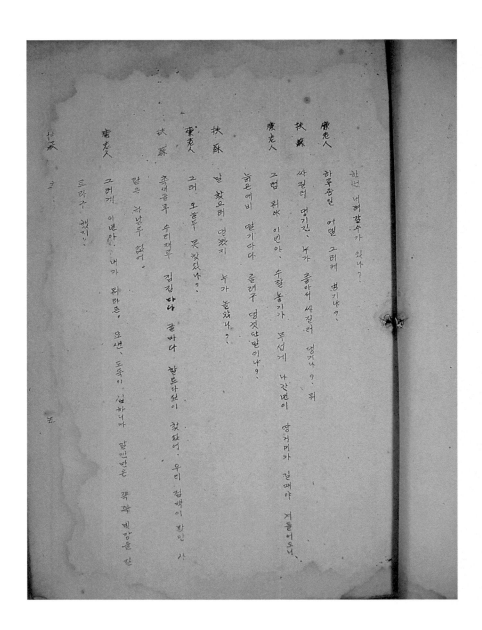

　　　　　　한번 너려 갈수가 있나?

農老人　하루종일 어맬 그러케 뵈기내?. 뭐

扶蘇　싸질러 댕기진、 누가 좋아서 싸질러 댕기나?. 뭐

廣老人　그럼 뭐야 이런아、 수할 놓기가 무섭게 나간면이 댕거미가 걸때야 거들어오니.

廣老人　늙은에비 댕기다마다 글러구 댕것단말이냐?. 누가 늙었나?

扶蘇　날 찾오러 댕겠지

東老人　그래 오늘두 못 찾었나?.

扶蘇　총색들루 수리재루 집짱 다니 굴바다 찾드라되이 찾었어. 우리집뺘이 한닌 사
　　　달은 하낱두 없어.

廣老人　그러게 이년아... 내가 뵈라든... 오샌、 도둑이 심하니자 달간밤은 꽉꽉 문장을 단
　　　로라구 햇지.

痕跡山麓中의 어... ... , 조그만 丙幕.

右끄은 山麓으로 내려간...

左괸으로 鬱蒼흰 樹林사이로 一面으로 曲線으로 ...

後面은 길로 樹林로 가녁 구□... 巖窟한 ...

廉老人　소루 삿냥을 해가지고 들어온다

廉老人　(달이 없음으로) 솔아, 솔아! 이기림애가 또 어딜 싸질러갔나? (부르러 向하야) 솔—아, 솔아— 이런 애들애 게림애, 말을 잊어버리구두 찾을 생각은 앟구 노루꼬리 잠을려는 무당년 같이 헤매구만 댕기니……

이옥고 扶蘇 (十八才, 戌瘷한 野生的인 게집애) 중얼거리며 들어온다

扶蘇　(父의 목소리를 흉내며) 솔아, 솔아. 누가 어듸 숨어나가? 어듬이 넘어가? 눈 꿈적하기가 무섭게 불러대니, 두간벌 갈수가 왔나? 말

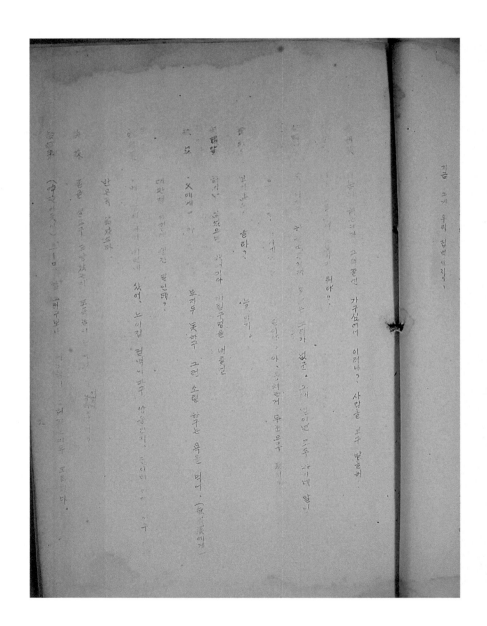

康老人　꿀구 뚱쳐기 싫든 할네 아우 칼했다

六

扶蘇　오늘까지 컬트긴 누가 감렀는데. 다라구 아버기하구 누가 더 쨍을었나 들어보면

안결

康老人　〔코ㅅ물을 훔치면〕 그게 어케밥여 얼다나 울었을구.

扶蘇　오늘 아침에 타구서 ×깨 갈타구 좌아케 맑아눟구. 머정만에 갔서 급커지 가러 논걸 어느 ㅅ왕머리가 홈쳐 좌어.

康老人　×깨로 날려구？

扶蘇　웅.

康老人　이런아. 또 ×깨야. 그런 자구깨떤 ×깨구 말컨마다 ×깨야. 네벤기 듣림없이 비

扶蘇　장을 쩔렀다지만. 몸에 내려갈랴구 그렇게 밥아들대 왔었으니. 우아간토을 함댔을

康老人　곡 짖었었어. 리가 없어.

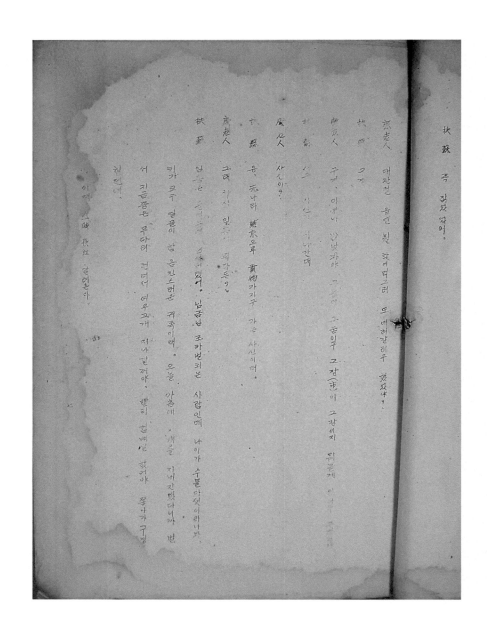

扶蘇 곡 갔었어.

老虎人 대장간 옮긴 뒤 찾어댕그려 또 더려갈려구 했었써.

扶蘇 그거.

老虎人 구라. 아줌마 앉낫과만 그롬이 그른일우 그장(君)이 그랑이지 뒤른게 이거 그르

扶蘇 소 사신 하나간대

老虎人 사신이?

扶蘇 응, 元나라 燕京으루 賣物가가구 가는 사신이며.

老虎人 그래 차사 있우 목갑은?

扶蘇 일즉암 그아 있었어. 남금남 조카번피는 사람인데 나이가 수물다섯이라니,

뭐가 크구 달물이 함 금진스런운 거룩이태. 오늘 아츰에 새를 지너잔됏다니까 번

서 지글궁은 무다러 건너서 여우고개 지나갈거야. 팽히 걸배일 핫려야 굴아가 구경

권딘다.

이때 氣時 炎고 달런다.

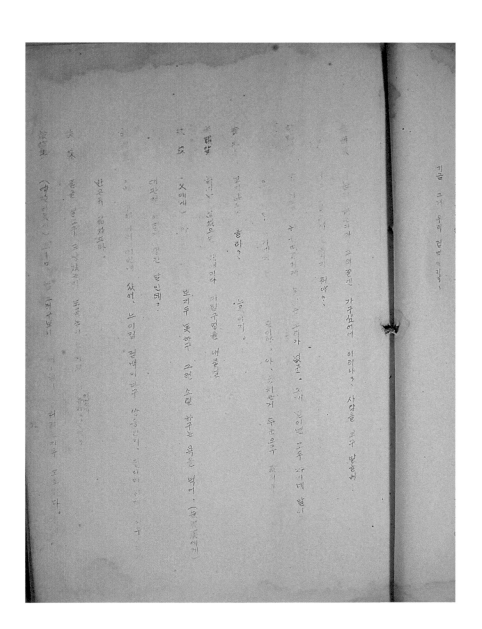

扶蘇　호호호　도둑을　막었소.　이렇그제　도둑이　그만　도망...

虞嬪　스스로이가　깊어가간　채화라.　다리　용두머리　골양함은　흐르러흘리서

　　（하고　섬시서서　아간다라）

虞老人　정분한다　강우니.　제물어　후려　동아　김사가의　망을　있글글니다.　鈴、향글이가

　　잠.

扶蘇　뒤루　살살　달아가　본가.

虞老人　내가　넓어봐야겠다.　던어갔거라.

　　（하고　뒤에라　나니나）

　　　——間——

　　誠與達、圖畵를　두러　긴거리며　들어온다.

扶蘇　누굴　찾어요.

　　默默達　색시가　긴이오.

扶敵　누굴 찾이요…?

…색시가 긴이요…?

扶敵　웨 그러세요?

戲皮達　당신 후 탈 한필 사자랑를테요?

扶敵　탈이요?

戲皮達　응. 아주 기가 맥히게 눈늠카구 시차구 빨른 말이야. 하하

이때 집위에서 말 우름소리

戲皮達　저 우는 소리 좀 들어보. 명마란 울음소리부터 닳으거든. 나와 보구 탕에 돌기든 삯.
사실은 나루 오퍼 정이 돌어서 내놓구십지않기만 주머에 돈이 딱 떨어서 후우
없이 팔려는거야. 아주 싸게 허블테니 사슈.

扶敵　글세오. 아머지 돌오시거든 애기러 보지요.

戲皮達　어델 나가웠는데?

扶敵　말 찾오러 나가웠어요.